Tucholsky   Wagner   Zola   Scott Sydow   Freud   Schlegel
   Turgenev   Wallace   Fonatne

   Twain   Walther von der Vogelweide   Fouqué   Friedrich II. von Preußen
            Weber   Freiligrath   Frey
Fechner   Fichte Weiße Rose   von Fallersleben Kant   Ernst   Frommel
                                      Richthofen
       Engels   Fielding   Hölderlin
   Fehrs   Faber   Flaubert   Eichendorff   Tacitus   Dumas
                                Eliasberg   Ebner Eschenbach
Feuerbach   Maximilian I. von Habsburg Fock   Zweig
            Ewald   Eliot   Vergil
       Goethe   Elisabeth von Österreich   London
Mendelssohn Balzac   Shakespeare   Dostojewski   Ganghofer
            Lichtenberg   Rathenau   Doyle   Gjellerup
   Trackl   Stevenson   Hambruch
Mommsen   Thoma   Tolstoi   Lenz   Droste-Hülshoff
Dach   Verne   von Arnim Hägele   Hauff   Humboldt
       Reuter   Rousseau   Hagen   Hauptmann   Gautier
   Karrillon Garschin
       Damaschke Defoe   Hebbel   Baudelaire
                Descartes   Hegel   Kussmaul Herder
Wolfram von Eschenbach   Dickens   Schopenhauer
   Bronner   Darwin   Melville   Grimm Jerome Rilke   George
   Campe   Horváth   Aristoteles   Bebel   Proust
Bismarck   Vigny   Barlach Voltaire Federer   Herodot
            Gengenbach   Heine
   Storm Casanova   Lessing   Tersteegen   Gilm Grillparzer Georgy
        Chamberlain   Langbein   Gryphius
Brentano   Lafontaine
Strachwitz   Claudius   Schiller   Schilling Kralik Iffland Sokrates
   Katharina II. von Rußland   Bellamy
                Gerstäcker   Raabe   Gibbon   Tschechow
Löns   Hesse Hoffmann   Gogol   Wilde   Gleim   Vulpius
Luther Heym Hofmannsthal   Klee Hölty Morgenstern
   Roth   Heyse Klopstock   Kleist   Goedicke
Luxemburg   Puschkin Homer   Mörike
   Machiavelli La Roche   Horaz   Musil
Navarra Aurel Musset   Kierkegaard Kraft Kraus
Nestroy Marie de France Lamprecht Kind Kirchhoff Hugo   Moltke
                Laotse   Ipsen   Liebknecht
   Nietzsche   Nansen   Ringelnatz
von Ossietzky Marx   Lassalle Gorki   Klett   Leibniz
        May   vom Stein Lawrence   Irving
Petalozzi Platon   Knigge
   Sachs   Poe Pückler Michelangelo   Kock   Kafka
   de Sade Praetorius   Mistral   Zetkin   Liebermann Korolenko

Der Verlag tradition aus Hamburg veröffentlicht in der Reihe **TREDITION CLASSICS** Werke aus mehr als zwei Jahrtausenden. Diese waren zu einem Großteil vergriffen oder nur noch antiquarisch erhältlich.

Symbolfigur für **TREDITION CLASSICS** ist Johannes Gutenberg (1400 — 1468), der Erfinder des Buchdrucks mit Metalllettern und der Druckerpresse.

Mit der Buchreihe **TREDITION CLASSICS** verfolgt tradition das Ziel, tausende Klassiker der Weltliteratur verschiedener Sprachen wieder als gedruckte Bücher aufzulegen – und das weltweit!

Die Buchreihe dient zur Bewahrung der Literatur und Förderung der Kultur. Sie trägt so dazu bei, dass viele tausend Werke nicht in Vergessenheit geraten.

Briefe über Don Carlos

Friedrich Schiller

Impressum

Autor: Friedrich Schiller
Umschlagkonzept: toepferschumann, Berlin

Verlag: tradition GmbH, Hamburg
ISBN: 978-3-8424-9311-7
Printed in Germany

Friedrich Schiller

Briefe über Don Carlos.

Erster Brief.

Sie sagen mir, lieber Freund, daß Ihnen die bisherigen Beurtheilungen des Don Carlos noch wenig Befriedigung gegeben, und halten dafür, daß der größte Theil derselben den eigentlichen Gesichtspunkt des Verfassers fehlgegangen sei. Es däucht Ihnen noch wohl möglich, gewisse gewagte Stellen zu retten, welche die Kritik für unhaltbar erklärte; manche Zweifel, die dagegen rege gemacht worden, finden Sie in dem Zusammenhange des Stücks – wo nicht völlig beantwortet, doch vorhergesehen und in Anschlag gebracht. Bei den meisten Einwürfen, sagen Sie, fänden Sie weit weniger die Sagacität der Beurtheiler, als die Selbstzufriedenheit zu bewundern, mit der sie solche als hohe Entdeckungen vortragen, ohne sich durch den natürlichsten Gedanken stören zu lassen, daß Übertretungen, die dem Blödsichtigsten sogleich ins Auge fallen, auch wohl dem Verfasser, der unter seinen Lesern selten der am wenigsten Unterrichtete ist, dürften sichtbar gewesen sein, und daß Sie es also weniger mit der Sache selbst, als mit den *Gründen* zu thun haben, die ihn dabei bestimmten. Diese Gründe können allerdings unzulänglich sein, können auf einer einseitigen Vorstellungsart beruhen: aber die Sache des Beurtheilers wäre es gewesen, diese Unzulänglichkeit, diese Einseitigkeit zu zeigen, wenn er anders in den Augen Desjenigen, dem er sich zum Richter aufdringt oder zum Rathgeber anbietet, einen Werth erlangen will.

Aber, lieber Freund, was geht es am Ende den Autor an, ob sein Beurtheiler Beruf gehabt hat, oder nicht? wie viel oder wie wenig Scharfsinn er bewiesen hat? Mag er das mit sich selbst ausmachen. Schlimm für den Autor und sein Werk, wenn er die Wirkung desselben auf die *Divinationsgabe* und *Billigkeit* seiner Kritiker ankommen ließ, wenn er den Eindruck desselben von Eigenschaften abhängig machte, die sich nur in sehr wenigen Köpfen vereinigen. Es ist einer der fehlerhaftesten Zustände, in welchen sich ein Kunstwerk befinden kann, wenn es in die Willkür des Betrachters gestellt worden, welche Auslegung er davonmachen will, und wenn es einer Nachhilfe bedarf, ihn in den rechten Standpunkt zu rücken. Wollten Sie mir andeuten, daß das meinige sich in diesem Falle befände, so haben Sie etwas sehr Schlimmes davon gesagt, und Sie veranlassen mich, es aus diesem Gesichtspunkt noch einmal genauer zu prüfen. Es käme also, däucht mir, vorzüglich darauf an, zu untersuchen, ob in dem Stücke alles enthalten ist, was zum Verständniß desselben dient, und ob es in so klaren Ausdrücken angegeben ist, daß es dem Leser leicht war, es zu erkennen. Lassen Sie sich's also gefallen, lieber Freund, daß ich Sie eine Zeitlang von diesem Gegenstand unterhalte. Das Stück ist mir fremder geworden, ich finde mich jetzt gleichsam in der Mitte zwischen dem Künstler und seinem Betrachter, wodurch es mir vielleicht möglich wird, des erstern vertraute Bekanntschaft mit seinem Gegenstand mit der Unbefangenheit des Letztern zu verbinden.

Es kann mir überhaupt – und ich finde nöthig, dieses vorauszuschicken – es kann mir begegnet sein, daß ich in den ersten Akten andere Erwartungen erregt habe, als ich in den letzten erfüllte. St. Reals Novelle, vielleicht auch meine eignen Aeußerungen darüber im ersten Stück der Thalia, mögen dem Leser einen Standpunkt angewiesen haben, aus dem es jetzt nicht mehr betrachtet werden kann. Während der Zeit nämlich, daß ich es ausarbeitete, welches, mancher Unterbrechungen wegen, eine ziemlich lange Zeit war, hat sich – in mir selbst Vieles verändert. An den verschiedenen Schicksalen, die während dieser Zeit über meine Art zu denken und zu empfinden ergangen sind, mußte nothwendig auch dieses Werk Theil nehmen. Was mich zu Anfang vorzüglich in demselben gefesselt hatte, that diese Wirkung in der Folge schon schwächer und am Ende nur kaum noch. Neue Ideen, die indeß bei mir aufkamen, verdrängten die frühern; Carlos selbst war in meiner Gunst gefallen, vielleicht aus keinem andern Grunde, als weil ich ihm in Jahren zu weit vorausgesprungen war, und aus der entgegengesetzten Ursache hatte Marquis Posa seinen Platz eingenommen. So kam es denn, daß ich zu dem vierten und fünften Akte ein ganz anderes Herz mitbrachte. Aber die ersten drei Akte waren in den Händen des Publikums, die Anlage des Ganzen war nicht mehr umzustoßen – ich hätte also das Stück entweder ganz unterdrücken müssen (und das hätte mir doch wohl der kleinste Theil meiner Leser gedankt), oder ich mußte die zweite Hälfte der ersten so gut anpassen, als ich konnte. Wenn dies nicht überall auf die glücklichste Art geschehen ist, so dient mir zu einiger Beruhigung, daß es einer geschicktern Hand, als der meinigen, nicht viel besser würde gelungen sein. Der Hauptfehler war, ich hatte mich zu lange mit dem Stücke getragen; ein dramatisches Werk aber kann und soll nur die Blüthe eines einzigen Sommers sein. Auch der Plan war für die Grenzen und Regeln eines dramatischen Werks zu weitläuftig angelegt. Dieser Plan z. B. forderte, daß Marquis Posa das uneingeschränkteste Vertrauen Philipps davon trug; aber zu dieser außerordentlichen Wirkung erlaubte mir die Oekonomie des Stücks nur eine einzige Scene.

Bei meinem Freunde werden mich diese Aufschlüsse vielleicht rechtfertigen, aber nicht bei der Kunst. Möchten sie indessen doch nur die vielen Deklamationen beschließen, womit von dieser Seite her von den Kritikern gegen mich ist Sturm gelaufen worden.

Zweiter Brief.

Der Charakter des Marquis Posa ist fast durchgängig für zu idealisch gehalten worden; inwiefern diese Behauptung Grund hat, wird sich dann am besten ergeben, wenn man die eigentümliche Handlungsart dieses Menschen auf ihren wahren Gehalt zurückgeführt hat. Ich habe es hier, wie Sie sehen, mit zwei entgegengesetzten Parteien zu thun. Denen, welche ihn aus der Klasse natürlicher Wesen schlechterdings verwiesen haben wollen, müßte also dargethan werden, in wie fern er mit der Menschennatur zusammenhängt, in wie fern seine Gesinnungen, wie seine Handlungen, aus sehr menschlichen Trieben fließen und in der Verkettung äußerlicher Umstände gegründet sind; Diejenigen, welche ihm den Namen eines göttlichen Menschen geben, brauche ich nur auf einige Blößen an ihm aufmerksam zu machen, die gar sehr menschlich sind. Die Gesinnungen, die der Marquis äußert, die Philosophie, die ihn leitet, die Lieblingsgefühle, die ihn beseelen, so sehr sie sich auch über das tägliche Leben erheben, können, als bloße Vorstellungen betrachtet, es nicht wohl sein, was ihn mit Recht aus der Klasse natürlicher Wesen verbannte. Denn was kann in einem menschlichen

Kopf nicht Dasein empfangen, und welche Geburt des Gehirnes kann in einem glühenden Herzen nicht zur Leidenschaft reifen? Auch seine Handlungen können es nicht sein, die, so selten dies auch geschehen mag, in der Geschichte selbst ihres Gleichen gefunden haben; denn die Aufopferung des Marquis für seinen Freund hat wenig oder nichts vor dem Heldentode eines Curtius, Regulus und Anderer voraus. Das Unrichtige und Unmögliche mußte also entweder in dem Widerspruch dieser Gesinnungen mit dem damaligen Zeitalter oder in ihrer Ohnmacht und ihrem Mangel an Lebendigkeit liegen, zu solchen Handlungen wirklich zu entzünden. Ich kann also die Einwendungen, welche gegen die Natürlichkeit dieses Charakters gemacht werden, nicht anders verstehen, als daß in Philipps des Zweiten Jahrhundert kein Mensch so, wie Marquis Posa, gedacht haben konnte, – daß Gedanken dieser Art nicht so leicht, wie hier geschieht, in den Willen und in die That übergehen, – und daß eine idealische Schwärmerei nicht mit solcher Consequenz realisirt, nicht von solcher Energie im Handeln begleitet zu werden pflege.

Was man gegen diesen Charakter aus dem Zeitalter einwendet, in welchem ich ihn auftreten lasse, dünkt mir vielmehr *für* als *wider* ihn zu sprechen. Nach dem Beispiel aller großen Köpfe entsteht er zwischen Finsterniß und Licht, eine hervorragende isolirte Erscheinung. Der Zeitpunkt, wo er sich bildet, ist allgemeine Gährung der Köpfe, Kampf der Vorurtheile mit der Vernunft, Anarchie der Meinungen, Morgendämmerung der Wahrheit – von jeher die Geburtsstunde außerordentlicher Menschen. Die Ideen von Freiheit und Menschenadel, die ein glücklicher Zufall, vielleicht eine günstige Erziehung in diese rein organisirte empfängliche Seele warf, machen sie durch ihre Neuheit erstaunen und wirken mit aller Kraft des Ungewohnten und Ueberraschenden auf sie; selbst das Geheimniß, unter welchem sie ihr wahrscheinlich mitgetheilt wurden, mußte die Stärke ihres Eindrucks erhöhen. Sie haben durch einen langen abnützenden Gebrauch das Triviale noch nicht, das heutzutage ihren Eindruck so stumpf macht; ihren großen Stempel hat weder das Geschwätz der Schulen, noch der Witz der Weltleute abgerieben. Seine Seele fühlt sich in diesen Ideen gleichsam wie in einer neuen und schönen Region, die mit allem ihrem blendenden Licht auf sie wirkt und sie in den lieblichsten Traum entzückt. Das entgegengesetzte Elend der Sklaverei und des Aberglaubens zieht sie immer fester und fester an diese Lieblingswelt; die schönsten Träume von Freiheit werden ja im Kerker geträumt. Sagen Sie selbst, mein Freund – das kühnste Ideal einer Menschenrepublik, allgemeiner Duldung und Gewissensfreiheit, wo konnte es besser und wo natürlicher zur Welt geboren werden, als in der Nähe Philipps des Zweiten und seiner Inquisition?

Alle Grundsätze und Lieblingsgefühle des Marquis drehen sich um *republikanische* Tugend. Selbst seine Aufopferung für seinen Freund beweist dieses, denn Aufopferungsfähigkeit ist der Inbegriff aller republikanischen Tugend.

Der Zeitpunkt, worin er auftrat, war gerade derjenige, worin stärker als je von Menschenrechten und Gewissensfreiheit die Rede war. Die vorhergehende Reformation hatte diese Ideen zuerst in Umlauf gebracht, und die flandrischen Unruhen erhielten sie in Uebung. Seine Unabhängigkeit von außen, sein Stand als Maltheserritter selbst, schenkten ihm die glückliche Muße, diese spekulative Schwärmerei zur Reife zu brüten.

In dem Zeitalter und in dem Staat, worin der Marquis auftritt, und in den Außendingen, die ihn umgeben, liegt also der Grund nicht, warum er dieser Philosophie nicht hätte fähig sein, nicht mit schwärmerischer Anhänglichkeit ihr hätte ergeben sein können.

Wenn die Geschichte reich an Beispielen ist, daß man für *Meinungen* alles Irdische hintansetzen kann, wenn man dem grundlosesten Wahn die Kraft beilegt, die Gemüther der Menschen auf einen solchen Grad einzunehmen, daß sie aller Aufopferungen fähig gemacht werden: so wäre es sonderbar, der *Wahrheit* diese Kraft abzustreiten. In einem Zeitpunkt vollends, der so reich, wie jener, an Beispielen ist, daß Menschen Gut und Leben um Lehrsätze wagen, die an sich so wenig Begeisterndes haben, sollte, däucht mir, ein Charakter nicht auffallen, der für die erhabenste aller Ideen etwas Aehnliches wagt; man müßte denn annehmen, daß Wahrheit minder fähig sei, das Menschenherz zu rühren, als der Wahn. Der Marquis ist außerdem als Held angekündigt. Schon in früher Jugend hat er mit seinem Schwerte Proben eines Muths abgelegt, den er nachher für eine ernsthaftere Angelegenheit äußern soll. Begeisternde Wahrheiten und eine seelenerhebende Philosophie müßten, däucht mir, in einer Heldenseele zu etwas ganz Anderm werden, als in dem Gehirn eines Schulgelehrten, oder in dem abgenützten Herzen eines weichlichen Weltmannes.

Zwei Handlungen des Marquis sind es vorzüglich, an denen man, wie Sie mir sagen, Anstoß genommen hat: sein Verhalten gegen den König in der zehnten Scene des dritten Aufzugs und die Aufopferung für seinen Freund. Aber es könnte sein, daß die Freimütigkeit, mit der er dem Könige seine Gesinnungen vorträgt, weniger auf Rechnung seines Muths, als seiner genauen Kenntniß von Jenes Charakter käme, und mit aufgehobener Gefahr würde sonach auch der Haupteinwurf gegen diese Scene gehoben. Darüber ein andermal, wenn ich Sie von Philipp dem Zweiten unterhalte; jetzt hatte ich es bloß mit Posas Aufopferung für den Prinzen zu thun, worüber ich Ihnen im nächsten Briefe einige Gedanken mittheilen will.

Dritter Brief.

Sie wollten neulich im Don Carlos den Beweis gefunden haben, daß *leidenschaftliche Freundschaft* ein eben so rührender Gegenstand für die Tragödie sein könne, als *leidenschaftliche Liebe*, und meine Antwort, daß ich mir das Gemälde einer solchen Freundschaft für die Zukunft zurückgelegt hätte, befremdete Sie. Also auch Sie nehmen es, wie die meisten meiner Leser, als ausgemacht an, daß es *schwärmerische Freundschaft* gewesen, was ich mir in dem Verhältniß zwischen Carlos und Marquis Posa zum Ziel gesetzt habe? Und aus diesem Standpunkt haben Sie folglich diese beiden Charaktere und vielleicht das ganze Drama bisher betrachtet? Wie aber, lieber Freund, wenn Sie mir mit dieser *Freundschaft* wirklich zu viel gethan hätten? Wenn es aus dem ganzen Zusammenhang *deutlich* erhellte, daß sie dieses Ziel *nicht* gewesen und auch schlechterdings nicht sein konnte? Wenn sich der Charakter des Marquis, so wie er aus dem Total seiner Handlungen hervorgeht, mit einer solchen Freundschaft durchaus nicht vertrüge, und wenn sich gerade aus seinen schönsten Handlungen, die man auf ihre Rechnung schreibt, der beste Beweis für das Gegentheil führen ließe?

Die erste Ankündigung des Verhältnisses zwischen diesen Beiden könnte irre geführt haben; aber dies auch nur scheinbar, und eine geringe Aufmerksamkeit auf das abstechende Benehmen Beider hätte hingereicht, den Irrthum zu heben. Dadurch, daß der Dichter von ihrer Jugendfreundschaft ausgeht, hat er sich nichts von seinem höhern Plane vergeben; im Gegentheil konnte dieser aus keinem bessern Faden gesponnen werden. Das Verhältniß, in welchem Beide zusammen auftreten, war Reminiscenz ihrer früheren akademischen Jahre. Harmonie der Gefühle, eine gleiche Liebhaberei für das Große und Schöne, ein gleicher Enthusiasmus für Wahrheit, Freiheit und Tugend hatte sie damals an einander geknüpft. Ein Charakter, wie Posas, der sich nachher so, wie es in dem Stücke geschieht, entfaltet, mußte frühe angefangen haben, diese lebhafte Empfindungskraft an einem fruchtbaren Gegenstande zu üben: ein Wohlwollen, das sich in der Folge über die ganze Menschheit erstrecken sollte, mußte von einem engern Bande ausgegangen sein. Dieser schöpferische und feurige Geist mußte bald einen Stoff haben, auf den er wirkte; konnte sich ihm ein schönerer anbieten, als ein zart und lebendig fühlender, seiner Ergießungen empfänglicher, ihm freiwillig entgegeneilender Fürstensohn? Aber auch schon in diesen früheren Zeiten ist der Ernst dieses Charakters in einigen Zügen sichtbar; schon hier ist Posa der kältere, der spätere Freund, und sein Herz, jetzt schon zu weit umfassend, um sich für ein einziges Wesen zusammenzuziehen, muß durch ein schweres Opfer errungen werden.

>»Da fing ich an mit Zärtlichkeiten
>»Und inniger Bruderliebe dich zu quälen:
>»Du stolzes Herz gabst sie mir kalt zurück.
>»– Verschmähen konntest du mein Herz, doch nie
>»Von dir entfernen. Dreimal wiesest du
>»Den Fürsten von dir, dreimal stand er wieder
>»Als Bettler da, um Liebe dich zu flehn u. s. f.
>»– – – – Mein königliches Blut
>»Floß schändlich unter unbarmherzigen Streichen.
>»So hoch kam mir der Eigensinn zu stehn,
>»Von Rodrigo geliebt zu sein.«

Hier schon sind einige Winke gegeben, wie wenig die Anhänglichkeit des Marquis an den Prinzen auf *persönliche* Uebereinstimmung sich gründet. Frühe denkt er sich ihn als *Königssohn*, frühe drängt sich diese Idee zwischen sein Herz und seinen bittenden Freund.

Carlos öffnet ihm seine Arme; der junge Weltbürger kniet vor ihm nieder. Gefühle für Freiheit und Menschenadel waren früher in seiner Seele reif, als Freundschaft für Carlos; dieser Zweig wurde erst nachher auf diesen stärkern Stamm gepfropft. Selbst in dem Augenblick, wo sein Stolz durch das große Opfer seines Freundes bezwungen ist, verliert er den Fürstensohn nicht aus den Augen. »Ich will bezahlen,« sagt er, wenn *du* – *König* bist.« Ist es möglich, daß sich in einem so jungen Herzen, bei diesem lebendigen und immer gegenwärtigen Gefühl der Ungleichheit ihres Standes, *Freundschaft* erzeugen konnte, deren wesentliche Bedingung doch *Gleichheit* ist? Also auch damals schon war es weniger Liebe als Dankbarkeit, weniger Freundschaft als Mitleid, was den Marquis dem Prinzen gewann. Die Gefühle, Ahnungen, Träume, Entschlüsse, die sich dunkel und verworren in dieser Knabenseele drängten, mußten mitgetheilt, in einer andern Seele angeschaut werden, und Carlos war der Einzige, der sie mit ahnen, mit träumen konnte und der sie erwiederte. Ein Geist, wie Posas, mußte seine Ueberlegenheit frühzeitig zu genießen streben, und der liebevolle Karl schmiegte sich so unterwürfig, so gelehrig an ihn an! Posa sah in diesem schönen Spiegel sich selbst und freute sich seines Bildes. So entstand diese akademische Freundschaft.

Aber jetzt werden sie von einander getrennt, und alles wird anders. Carlos kommt an den Hof seines Vaters, und Posa wirft sich in die Welt. Jener, durch seine frühe Anhänglichkeit an den edelsten und feurigsten Jüngling verwöhnt, findet in dem ganzen Umkreis eines Despotenhofes nichts, was sein Herz befriedigte. Alles um ihn her ist leer und unfruchtbar. Mitten im Gewühl so vieler Höflinge einsam, von der Gegenwart gedrückt, labt er sich an süßen Rückerinnerungen der Vergangenheit. Bei ihm also dauern diese frühen Eindrücke warm und lebendig fort, und sein zum Wohlwollen gebildetes Herz, dem ein würdiger Gegenstand mangelt, verzehrt sich in nie befriedigten Träumen. So versinkt er allmählich in einen Zustand *müßiger Schwärmerei, unthätiger Betrachtung.* In dem fortwährenden Kampfe mit seiner Lage nützen sich seine Kräfte ab, die unfreundlichen Begegnungen eines ihm so ungleichen Vaters verbreiten eine düstere Schwermuth über sein Wesen – den zehrenden Wurm jeder Geistesblüthe, den Tod der Begeisterung. Zusammengedrückt, ohne Energie, geschäftslos, hinbrütend in sich selbst, von schweren fruchtlosen Kämpfen ermattet, zwischen schreckhaften Extremen herumgescheucht, keines eigenen Aufschwungs mehr mächtig – so findet ihn die *erste Liebe*. In diesem Zustand kann er ihr keine Kraft mehr entgegensetzen; alle jene frühern Ideen, die ihr allein das Gleichgewicht hätten halten können, sind seiner Seele fremder geworden; sie beherrscht ihn mit despotischer Gewalt; so versinkt er in einen schmerzhaft wollüstigen Zustand des *Leidens*. Auf einen einzigen Gegenstand sind jetzt alle seine Kräfte zusammengezogen. Ein nie gestilltes Verlangen hält seine Seele innerhalb ihrer selbst gefesselt. – Wie sollte sie ins Universum ausströmen? Unfähig, diesen Wunsch zu befriedigen, unfähiger noch, ihn durch innere Kraft zu besiegen, schwindet er halb lebend, halb sterbend in sichtbarer Zehrung hin; keine Zerstreuung für den brennenden Schmerz seines Busens, kein mitfühlendes, sich ihm öffnendes Herz, in das er ihn ausströmen könnte.

»Ich habe Niemand – Niemand
»Auf dieser großen weiten Erde, Niemand.
»Soweit das Scepter meines Vaters reicht,
»So weit die Schifffahrt unsre Flaggen sendet,
»Ist keine Stelle, keine, keine, wo
»Ich meiner Thränen mich entlasten kann.«

Hilflosigkeit und Armuth des Herzens führen ihn jetzt auf eben den Punkt zurück, wo Fülle des Herzens ihn hatte ausgehen lassen. Heftiger fühlt er das Bedürfniß der Sympathie, weil er *allein* ist und *unglücklich*. So findet ihn sein zurückkommender Freund.

Ganz anders ist es unterdessen diesem ergangen. Mit offenen Sinnen, mit allen Kräften der Jugend, allem Drange des Genies, aller Wärme des Herzens in das weite Universum geworfen, sieht er den Menschen im Großen wie im Kleinen handeln; er findet Gelegenheit, sein mitgebrachtes Ideal an den wirkenden Kräften der ganzen Gattung zu prüfen. Alles, was er hört, was er sieht, wird mit lebendigem Enthusiasmus von ihm verschlungen, alles in *Beziehung* auf jenes Ideal empfunden, gedacht und verarbeitet. Der Mensch zeigt sich ihm in mehrern Varietäten; in mehrern Himmelsstrichen, Verfassungen, Graden der Bildung und Stufen des Glückes lernt er ihn kennen. So erzeugt sich in ihm allmählich eine zusammengesetzte und erhabene Vorstellung des *Menschen* im *Großen* und *Ganzen*, gegen welche jedes einengende kleinere Verhältniß verschwindet. Aus sich selbst tritt er jetzt heraus, im großen Weltraum dehnt sich seine Seele ins Weite. – Merkwürdige Menschen, die sich in seine Bahn werfen, zerstreuen seine Aufmerksamkeit, theilen sich in seine Achtung und Liebe. – An die Stelle eines Individuums tritt bei ihm jetzt das ganze Geschlecht; ein vorübergehender jugendlicher Affekt erweitert sich in eine allumfassende unendliche Philanthropie. Aus einem müßigen Enthusiasten ist ein thätiger handelnder Mensch geworden. Jene ehemaligen Träume und Ahnungen, die noch dunkel und unentwickelt in seiner Seele lagen, haben sich zu klaren Begriffen geläutert, müßige Entwürfe in Handlung gesetzt, ein allgemeiner unbestimmter Drang, zu wirken, ist in zweckmäßige Thätigkeit übergegangen. Der Geist der Völker wird von ihm studirt, ihre Kräfte, ihre Hilfsmittel abgewogen, ihre Verfassungen geprüft; im Umgange mit verwandten Geistern gewinnen seine Ideen Vielseitigkeit und Form; geprüfte Weltleute, wie ein Wilhelm von Oranien, Coligny u. A., nehmen ihnen das Romantische und stimmen sie allmählich zu pragmatischer Brauchbarkeit herunter.

Bereichert mit tausend neuen fruchtbaren Begriffen, voll strebender Kräfte, schöpferischer Triebe, kühner und weitumfassender Entwürfe, mit geschäftigem Kopf, glühendem Herzen, von den großen begeisternden Ideen allgemeiner menschlicher Kraft und menschlichen Adels durchdrungen, und feuriger für die Glückseligkeit dieses großen Ganzen entzündet, das ihm in so vielen Individuen vergegenwärtigt ward,

[1] so kommt er jetzt von der großen Ernte zurück, brennend von Sehnsucht, einen Schauplatz zu finden, auf welchem er diese Ideale

---

[1] In seiner nachherigen Unterredung mit dem König kommen diese Lieblingsideen an den Tag. Ein Federzug von Ihrer Hand, sagt er ihm, und neuerschaffen wird die Erde. Geben Sie Gedankenfreiheit! Lassen Sie
»Großmüthig wie der Starke Menschenglück,
»Aus Ihrem Füllhorn strömen, Geister reifen
»An Ihrem Weltgebäude.
           Stellen Sie der Menschheit
»Verlornen Adel wieder her. Der Bürger
»Sei wiederum, was er zuvor gewesen,
»Der Krone Zweck, ihn binde keine Pflicht,
»Als seiner Brüder gleichehrwürd'ge Rechte.

realisieren, diese gesammelten Schätze in Anwendung bringen könnte. Flanderns Zustand bietet sich ihm dar. Alles findet er hier zu einer Revolution zubereitet. Mit dem Geiste, den Kräften und Hilfsquellen dieses Volks bekannt, die er gegen die Macht seines Unterdrückers berechnet, sieht er das große Unternehmen schon als geendigt an. Sein Ideal republikanischer Freiheit kann kein günstigeres Moment und keinen empfänglicheren Boden finden.

> »So viele reiche blühende Provinzen!
> »Ein kräftiges und großes Volk, und auch
> »Ein gutes Volk, und *Vater dieses Volkes,*
> »Das, dacht' ich, das muß göttlich sein.«

Je elender er dieses Volk findet, desto näher drängt sich dieses Verlangen an sein Herz, desto mehr eilt er, es in Erfüllung zu bringen. Hier, und *hier* erst, erinnert er sich lebhaft des Freundes, den er, mit glühenden Gefühlen für Menschenglück, in Alcala verließ. Ihn denkt er sich jetzt als Retter der unterdrückten Nation, als das Werkzeug seiner hohen Entwürfe. Voll unaussprechlicher Liebe, weil er ihn mit der Lieblingsangelegenheit seines Herzens zusammen denkt, eilt er nach Madrid in seine Arme, jene Samenkörner von Humanität und heroischer Tugend, die er einst in seine Seele gestreut, jetzt in vollen Saaten zu finden und in ihm den Befreier der Niederlande, den künftigen Schöpfer seines *geträumten Staats* zu umarmen.

Leidenschaftlicher als jemals, mit fiebrischer Heftigkeit stürzt ihm dieser entgegen.

> »Ich drück' an meine Seele dich, ich fühle
> »Die deinige allmächtig an mir schlagen.
> »O, jetzt ist alles wieder gut. Ich liege

> »Der Landmann rühme sich des Pflugs und gönne
> »Dem König, der nicht Landmann ist, die Krone.
> »In seiner Werkstatt träume sich der Künstler
> »Zum Bildner einer schönern Welt. Den Flug
> »Des Denkers hemme keine Schranke mehr,
> »Als die Bedingung endlicher Naturen.«
> •
> •

»Am Halse meines Rodrigo.«

Der Empfang ist der feurigste: aber wie beantwortet ihn Posa? Er, der seinen Freund in voller Blüthe der Jugend verließ und ihn jetzt einer wandelnden Leiche gleich wiederfindet, verweilt er bei dieser traurigen Veränderung? Forscht er lange und ängstlich nach ihren Quellen? Steigt er zu den kleineren Angelegenheiten seines Freundes herunter? Bestürzt und ernsthaft erwiedert er diesen unwillkommenen Empfang.

> »So war es nicht, wie ich Don Philipps Sohn
> »Erwartete – – Das ist
> »Der löwenkühne Jüngling nicht, zu dem
> »Ein unterdrücktes Heldenvolk mich sendet –
> »Denn jetzt steh' ich als Rodrigo nicht hier,
> »Nicht als des Knaben Carlos Spielgeselle –
> »Ein Abgeordneter der ganzen Menschheit
> »Umarm' ich Sie – es sind die flandrischen
> »Provinzen, die an Ihrem Halse weinen« u. s. f.

Unfreiwillig entwischt ihm seine herrschende Idee gleich in den ersten Augenblicken des so lang entbehrten Wiedersehens, wo man sich doch sonst so viel wichtigere Kleinigkeiten zu sagen hat, und Carlos muß alles Rührende seiner Lage aufbieten, muß die entlegensten Scenen der Kindheit hervorrufen, um diese Lieblingsidee seines Freundes zu verdrängen, sein Mitgefühl zu wecken und ihn auf seinen eigenen traurigen Zustand zu heften. Schrecklich sieht sich Posa in den Hoffnungen getäuscht, mit denen er seinem Freunde zueilte. Einen Heldencharakter hatte er erwartet, der sich nach Thaten sehnte, wozu er ihm jetzt den Schauplatz eröffnen wollte. Er rechnete auf jenen Vorrath von erhabener Menschenliebe, auf das Gelübde, das er ihm in jenen schwärmerischen Tagen auf die entzweigebrochene Hostie gethan, und findet Leidenschaft für die Gemahlin seines Vaters. –

> »Das ist der Karl nicht mehr,
> »Der in Alcala von dir Abschied nahm.
> »Der Karl nicht mehr, der sich beherzt getraute,
> »Das Paradies dem Schöpfer abzusehn

»Und dermaleinst, als unumschränkter Fürst,
»In Spanien zu pflanzen. O! der Einfall
»War kindisch, aber göttlich schön. Vorbei
»Sind diese Träume!« –

Eine hoffnungslose Leidenschaft, die alle seine Kräfte verzehrt, die sein Leben selbst in Gefahr setzt. Wie würde ein sorgsamer Freund des Prinzen, der aber ganz nur *Freund* allein, und *mehr nicht* gewesen wäre, in dieser Lage gehandelt haben? Und wie hat Posa, der Weltbürger, gehandelt? Posa, des Prinzen Freund und Vertrauter, hätte viel zu sehr für die Sicherheit seines Carlos gezittert, als daß er es hätte wagen sollen, zu einer gefährlichen Zusammenkunft mit seiner Königin die Hand zu bieten. Des Freundes Pflicht wär' es gewesen, auf Erstickung dieser Leidenschaft und keineswegs auf ihre Befriedigung zu denken. Posa, der Sachwalter Flanderns, handelt ganz anders. Ihm ist nichts wichtiger, als diesen hoffnungslosen Zustand, in welchem die thätigen Kräfte seines Freundes versinken, auf das schnellste zu endigen, sollte es auch ein kleines Wagestück kosten. So lang sein Freund in unbefriedigten Wünschen verschmachtet, kann er fremdes Leiden nicht fühlen; so lang seine Kräfte von Schwermuth niedergedrückt sind, kann er sich zu keinem heroischen Entschluß erheben. Von dem unglücklichen Carlos hat Flandern nichts zu hoffen, aber vielleicht von dem glücklichen. Er eilt also, seinen heißesten Wunsch zu befriedigen, er selbst führt ihn zu den Füßen seiner Königin; und dabei allein bleibt er nicht stehen. Er findet in des Prinzen Gemüth die Motive nicht mehr, die ihn sonst zu heroischen Entschlüssen erhoben hatten: was kann er anders thun, als diesen erloschenen Heldengeist an fremdem Feuer entzünden und die einzige Leidenschaft nutzen, die in der Seele des Prinzen vorhanden ist? An diese muß er die neuen Ideen anknüpfen, die er jetzt bei ihr herrschend machen will. Ein Blick in der Königin Herz überzeugt ihn, daß er von ihrer Mitwirkung alles erwarten darf. Nur der erste Enthusiasmus ist es, den er von dieser Leidenschaft entlehnen will. Hat sie dazu geholfen, seinem Freunde diesen heilsamen Schwung zu geben, so bedarf er ihrer nicht mehr, und er kann gewiß sein, daß sie durch ihre eigene Wirkung zerstört werden wird. Also selbst dieses Hinderniß, das sich seiner großen Angelegenheit entgegenwarf, selbst diese unglückliche Liebe, wird jetzt in ein Werkzeug zu jenem wichtigeren Zwecke umgeschaffen, und Flanderns Schicksal muß durch den Mund der Liebe an das Herz seines Freundes reden.

»– In dieser hoffnungslosen Flamme
»Erkannt' ich früh der Hoffnung goldnen Strahl.
»Ich wollt' ihn führen zum Vortrefflichen;
»Die stolze königliche Frucht, woran
»Nur Menschenalter langsam pflanzen, sollte
»Ein schneller Lenz der wunderthät'gen Liebe
»Beschleunigen. Mir sollte seine Tugend
»An diesem kräft'gen Sonnenblicke reifen.«

Aus den Händen der Königin empfängt jetzt Carlos die Briefe, welche Posa aus Flandern für ihn mitbrachte. Die Königin ruft seinen entflohenen Genius zurück.

Noch sichtbarer zeigt sich diese Unterordnung der Freundschaft unter das wichtigere Interesse bei der Zusammenkunft im Kloster. Ein Entwurf des Prinzen auf den König ist fehlgeschlagen; dieses und eine Entdeckung, welche er zum Vortheil seiner Leidenschaft glaubt gemacht zu haben, stürzen ihn heftiger in diese zurück, und Posa glaubt zu bemerken, daß sich Sinnlichkeit in diese Leidenschaft mische. Nichts konnte sich weniger mit seinem höhern Plane vertragen. Alle Hoffnungen, die er auf Carlos' Liebe zur Königin für seine Niederlande gegründet hat, stürzten dahin, wenn diese Liebe von ihrer Höhe heruntersank. Der Unwille, den er darüber empfindet, bringt seine Gesinnungen an den Tag.

»O, ich fühle,
»Wovon ich mich entwöhnen muß. Ja, einst,
» Einst war's ganz anders. Da warst du so reich,
»So warm, so reich! Ein ganzer Weltkreis hatte
»In deinem weiten Busen Raum. Das alles
»Ist nun dahin, von Einer Leidenschaft,
»Von einem kleinen Eigennutz verschlungen:
»Dein Herz ist ausgestorben. Keine Thräne
»Dem ungeheuern Schicksal der Provinzen,
» Nicht einmal eine Thräne mehr! O, Karl,
»Wie arm bist du, wie bettelarm geworden,

»Seitdem du Niemand liebst, als dich!«

Bang vor einem ähnlichen Rückfall, glaubt er einen gewaltsamen Schritt wagen zu müssen. So lange Karl in der Nähe der Königin bleibt, ist er für die Angelegenheit Flanderns verloren. Seine Gegenwart in den Niederlanden kann dort den Dingen eine ganz andere Wendung geben; er steht also keinen Augenblick an, ihn auf die gewaltsamste Art dahin zu bringen.

> »Er soll
> »Dem König ungehorsam werden, soll
> »Nach Brüssel heimlich sich begeben, wo
> »Mit offnen Armen die Flamänder ihn
> »Erwarten. Alle Niederlande stehen
> »Auf seine Losung auf. Die gute Sache
> »Wird stark durch einen Königssohn.«

Würde der *Freund* des Carlos es über sich vermocht haben, so verwegen mit dem guten Namen, ja selbst mit dem Leben seines Freundes zu spielen? Aber Posa, dem die Befreiung eines unterdrückten Volks eine weit dringendere Aufforderung war, als die kleinen Angelegenheiten eines Freundes, Posa, der Weltbürger, mußte gerade so und nicht anders handeln. Alle Schritte, die im Verlauf des Stücks von ihm unternommen werden, verrathen eine *wagende Kühnheit*, die ein heroischer Zweck allein einzuflößen im Stand ist! Freundschaft ist oft verzagt und immer besorglich. Wo ist bis jetzt im Charakter des Marquis auch nur eine Spur dieser ängstlichen Pflege eines isolierten Geschöpfs, dieser alles ausschließenden, alles für Einen Gegenstand hingebenden, alles in Einem Gegenstande genießenden Neigung, worin doch allein der eigentümliche Charakter der leidenschaftlichen Freundschaft besteht? Wo ist bei ihm das Interesse für den Prinzen nicht dem höhern Interesse für die Menschheit untergeordnet? Fest und beharrlich geht der Marquis seinen großen kosmopolitischen Gang, und alles, was um ihn herum vorgeht, wird ihm nur durch die Verbindung wichtig, in der es mit diesem höhern Gegenstande steht.

Vierter Brief.

Um einen großen Theil seiner Bewunderer dürfte ihn dieses Geständniß bringen, aber er wird sich mit dem kleinen Theil der neuen Verehrer trösten, die es ihm zuwendet, und zum allgemeinen Beifall überhaupt konnte sich ein Charakter, wie der seinige, niemals Hoffnung machen. Hohes, wirkendes Wohlwollen gegen das Ganze schließt keineswegs die zärtliche Theilnahme an den Freuden und Leiden eines einzelnen Wesens aus. Daß er das Menschengeschlecht mehr liebt, als Karln, thut seiner Freundschaft für ihn keinen Eintrag. Immer würde er ihn, hätte ihn auch das Schicksal auf keinen Thron gerufen, durch eine besondere zärtliche Bekümmerniß vor allen Uebrigen unterschieden haben; im Herzen seines Herzens würde er ihn getragen haben, wie Hamlet seinen Horatio. Man hält dafür, daß das Wohlwollen um so schwächer und laulichter werde, je mehr sich seine Gegenstände häufen: aber dieser Fall kann auf den Marquis nicht angewandt werden. Der Gegenstand seiner Liebe zeigt sich ihm im vollesten Lichte der Begeisterung; herrlich und verklärt steht dieses Bild vor seiner Seele, wie die Gestalt einer Geliebten. Da es Carlos ist, der dieses Ideal von Menschenglück wirklich machen soll, so trägt er es auf ihn über, so faßt er zuletzt Beides in Einem Gefühl unzertrennlich zusammen. In Carlos allein schaut er seine feurig geliebte Menschheit jetzt an; sein Freund ist der Brennpunkt, in welchem alle seine Vorstellungen von jenem zusammengesetzten Ganzen sich sammeln. Es wirkt also doch nur in Einem Gegenstand auf ihn, den er mit allem Enthusiasmus und allen Kräften seiner Seele umfaßt.

> »Mein Herz,
> »Nur einem Einzigen geweiht, umschloß
> »Die ganze Welt. In meines Carlos Seele
> »Schuf ich ein Paradies für Millionen.«

Hier ist also Liebe zu Einem Wesen, ohne Hintansetzung der allgemeinen – sorgsame Pflege der Freundschaft, ohne das Unbillige, das Ausschließende dieser Leidenschaft. Hier allgemeine, alles umfassende Philanthropie, in einen einzigen Feuerstrahl zusammengedrängt.

Und sollte eben das dem Interesse geschadet haben, was es veredelt hat? Dieses Gemälde von Freundschaft sollte an Rührung und Anmuth verlieren, was ihm an Würde gegeben worden? an Stärke verlieren, was es an Umfang gewann? Der Freund des Carlos sollte darum weniger Anspruch auf unsere Thränen und unsere Bewunderung haben, weil er mit der beschränktesten Aeußerung des wohlwollenden Affekts seine weiteste Ausdehnung verbindet und das Göttliche der universellen Liebe durch ihre menschlichste Anwendung mildert?

Mit der neunten Scene des dritten Aufzugs öffnet sich ein ganz neuer Spielraum für diesen Charakter.

Fünfter Brief.

Leidenschaft für die Königin hat endlich den Prinzen bis an den Rand des Verderbens geführt. Beweise seiner Schuld sind in den Händen seines Vaters, und seine unbesonnene Hitze ließ ihn dem dauernden Argwohn seiner Feinde die gefährlichsten Blößen geben; er schwebt in augenscheinlicher Gefahr, ein Opfer seiner wahnsinnigen Liebe, der väterlichen Eifersucht, des Priesterhasses, der Rachgier eines beleidigten Feindes und einer verschmähten Buhlerin zu werden. Seine Lage von außen fordert die dringendste Hilfe, noch mehr aber fordert sie der innere Zustand seines Gemüths, der alle Erwartungen und Entwürfe des Marquis zu vereiteln droht. Von jener Gefahr muß der Prinz befreit, aus diesem Seelenzustand muß er gerissen werden, wenn jene Entwürfe zu Flanderns Befreiung in Erfüllung gehen sollen; und der Marquis ist es, von dem wir beides erwarten, der uns auch selbst dazu Hoffnung macht.

Aber auf eben dem Wege, woher dem Prinzen Gefahr kommt, ist auch bei dem König ein Seelenzustand hervorgebracht worden, der ihn das Bedürfniß der Mittheilung zum erstenmal fühlen läßt. Die Schmerzen der Eifersucht haben ihn aus dem unnatürlichen Zwang seines Standes in den ursprünglichen Stand der Menschheit zurückversetzt, haben ihn das Leere und Gekünstelte seiner Despotengröße fühlen und Wünsche in ihm aussteigen lassen, die weder Macht noch Hoheit befriedigen kann.

> »*König!* – *König* nur,
> »Und wieder König! – Keine beßre Antwort,
> »Als leeren hohlen Wiederhall! Ich schlage
> »An diesen Felsen und will Wasser, Wasser
> »Für meinen heißen Fieberdurst. Er gibt

»Mir – glühend Gold –«

Gerade ein Gang der Begebenheiten, wie der bisherige, däucht mir, oder keiner, konnte bei einem Monarchen, wie Philipp der Zweite war, einen solchen Zustand erzeugen; und gerade so ein Zustand mußte in ihm erzeugt werden, um die nachfolgende Handlung vorzubereiten und den Marquis ihm nahe bringen zu können. Vater und Sohn sind auf ganz verschiedenen Wegen auf den Punkt geführt worden, wo der Dichter sie haben muß; auf ganz verschiedenen Wegen wurden Beide zu dem Marquis von Posa hingezogen, in welchem Einzigen das bisher getrennte Interesse sich nunmehr zusammendrängt. Durch Carlos' Leidenschaft für die Königin und deren unausbleibliche Folgen bei dem König wurde dem Marquis seine ganze Laufbahn geschaffen: darum war es nöthig, daß auch das ganze Stück mit jener eröffnet wurde. Gegen sie mußte der Marquis selbst so lange in Schatten gestellt werden und sich, bis er von der ganzen Handlung Besitz nehmen konnte, mit einem untergeordneten Interesse begnügen, weil er von ihr allein alle Materialien zu seiner künftigen Thätigkeit empfangen konnte. Die Aufmerksamkeit des Zuschauers durfte also durchaus nicht vor der Zeit davon abgezogen werden, und darum war es nöthig, daß sie bis hieher als Haupthandlung beschäftigte, das Interesse hingegen, das nachher das herrschende werden sollte, nur durch Winke von ferne angekündigt wurde. Aber sobald das Gebäude steht, fällt das Gerüste. Die Geschichte von Carlos' Liebe, als die bloß vorbereitende Handlung, weicht zurück, um derjenigen Platz zumachen, für welche allein sie gearbeitet hatte.

Nämlich jene verborgenen Motive des Marquis, welche keine andern sind, als Flanderns Befreiung und das künftige Schicksal der Nation – Motive, die man unter der Hülle seiner Freundschaft bloß geahnet hat – treten jetzt sichtbar hervor und fangen an, sich der ganzen Aufmerksamkeit zu bemächtigen. Carlos, wie aus dem Bisherigen zur Genüge erhellet, wurde von ihm nur als das *einzige unentbehrliche Werkzeug* zu jenem feurig und standhaft verfolgten Zwecke betrachtet und als ein solches mit eben dem Enthusiasmus, wie der Zweck selbst, umfaßt. Aus diesem universelleren Motive mußte eben der ängstliche Antheil an dem Wohl und Weh seines Freundes, eben die zärtliche Sorgfalt für dieses Werkzeug seiner

Liebe fließen, als nur immer die stärkste *persönliche* Sympathie hätte hervorbringen können. Karls Freundschaft gewährt ihm den vollständigsten Genuß seines Ideals. Sie ist der Vereinigungspunkt aller seiner Wünsche und Thätigkeiten. Noch kennt er keinen andern und kürzern Weg, sein hohes Ideal von Freiheit und Menschenglück wirklich zu machen, als der ihm in Carlos geöffnet wird. Es fiel ihm gar nicht ein, dies aus einem andern Wege zu suchen; am allerwenigsten fiel es ihm ein, diesen Weg unmittelbar durch den *König zu nehmen.* Als er daher zu diesem geführt wird, zeigt er die höchste Gleichgültigkeit.

> »Mich will er haben? – Mich? – Ich bin ihm nichts,
> »Ich wahrlich nichts! – Mich hier in diesen Zimmern!
> »Wie zwecklos und wie ungereimt! – Was kann
> »Ihm viel dran liegen, ob ich bin? – Sie sehen,
> »Es führt zu nichts.«

Aber nicht lange überläßt er sich dieser müßigen, dieser kindischen Verwunderung. Einem Geiste, gewohnt, wie es dieser ist, jedem Umstande seine Nutzbarkeit abzumerken, auch den Zufall mit bildender Hand zum Plan zu gestalten, jedes Ereigniß in Beziehung auf seinen herrschenden Lieblingszweck sich zudenken, bleibt der hohe Gebrauch nicht lange verborgen, der sich von dem jetzigen Augenblick machen läßt. Auch das kleinste Element der Zeit ist ihm ein heilig anvertrautes Pfund, womit gewuchert werden muß. Noch ist es nicht klarer, zusammenhängender Plan, was er sich denkt; bloße dunkle Ahnung, und auch diese kaum; bloß flüchtig ansteigender Einfall ist es, ob hier vielleicht gelegenheitlich etwas zu wirken sein möchte? Er soll vor Denjenigen treten, der das Schicksal so vieler Millionen in der Hand hat. Man muß den Augenblick nutzen, sagt er zu sich selbst, der nur *einmal* kommt. Wär's auch nur ein Feuerfunke Wahrheit, in die Seele dieses Menschen geworfen, der noch keine Wahrheit gehört hat! Wer weiß, wie wichtig ihn die Vorsicht bei ihm verarbeiten kann?– Mehr denkt er sich nicht dabei, als einen zufälligen Umstand auf die beste Art, die er kennt, zu benutzen. In dieser Stimmung erwartet er den König.

Sechster Brief.

Ich behalte mir auf eine andere Gelegenheit vor, mich über den Ton, auf welchen sich Posa gleich zu Anfang mit dem Könige stimmt, wie überhaupt über sein ganzes Verfahren in dieser Scene und die Art, wie dieses von dem Könige aufgenommen wird, näher gegen Sie zu erklären, wenn Sie Lust haben, mich zu hören. Jetzt begnüge ich mich bloß, bei demjenigen stehen zu bleiben, was mit dem Charakter des Marquis in der unmittelbarsten Verbindung steht.

Alles, was der Marquis nach seinem Begriffe von dem König vernünftigerweise hoffen konnte bei ihm hervorzubringen – war ein mit Demüthigung verbundenes Erstaunen, daß seine große Idee von sich selbst und seine geringe Meinung von Menschen doch wohl einige Ausnahmen leiden dürfte; alsdann die natürliche unausbleibliche Verlegenheit eines kleinen Geistes vor einem großen Geist. Diese Wirkung konnte wohlthätig sein, wenn sie auch bloß dazu diente, die Vorurtheile dieses Menschen auf einen Augenblick zu erschüttern; wenn sie ihn fühlen ließ, daß es noch jenseits seines gezogenen Kreises Wirkungen gebe, von denen er sich nichts hätte träumen lassen. Dieser einzige Laut konnte noch lange nachhallen in seinem Leben, und dieser Eindruck mußte desto länger bei ihm haften, je mehr er ohne Beispiel war.

Aber Posa hatte den König wirklich zu flach, zu obenhin beurtheilt, oder wenn er ihn auch gekannt hätte, so war er doch von der *damaligen Gemüthslage* desselben zu wenig unterrichtet, um sie mit in Berechnung zu bringen. Diese Gemüthslage war äußerst günstig für ihn und bereitete seinen hingeworfenen Reden eine Aufnahme, die er mit keinem Grund der Wahrscheinlichkeit hatte erwarten können. Diese unerwartete Entdeckung gibt ihm einen lebhaftern Schwung und dem Stücke selbst eine ganz neue Wendung. Kühn gemacht durch einen Erfolg, der all sein Hoffen übertraf, und durch einige Spuren von *Humanität*, die ihn an dem König überraschen, in Feuer gesetzt, verirrt er sich auf einen Augenblick bis zu der ausschweifenden Idee, sein herrschendes Ideal von Flanderns Glück u. s. w. unmittelbar an die Person des Königs anzuknüpfen, es unmittelbar durch diesen in Erfüllung zu bringen. Diese Voranssetzung setzt ihn in eine Leidenschaft, die den ganzen Grund seiner Seele eröffnet, alle Geburten seiner Phantasie, alle Resultate seines stillen Denkens ans Licht bringt und deutlich zu erkennen gibt, wie sehr ihn diese Ideale beherrschen. Jetzt, in diesem Zustand der Leidenschaft, werden alle die Triebfedern sichtbar, die ihn bis jetzt in Handlung gesetzt haben; jetzt ergeht es ihm, wie jedem Schwärmer, der von seiner herrschenden Idee überwältigt wird. Er kennt keine Grenzen mehr; im Feuer seiner Begeisterung *veredelt er sich den König*, der mit Erstaunen ihm zuhört, und vergißt sich so weit, Hoffnungen auf ihn zu gründen, worüber er in den nächsten ruhigen Augenblicken erröthen wird. An Carlos wird jetzt nicht mehr gedacht. Was für ein langer Umweg, erst auf diesen zu warten! Der König bietet ihm eine weit nähere und schnellere Befriedigung dar. Warum das Glück der Menschheit bis auf seinen Erben verschieben?

Würde sich Carlos' Busenfreund so weit vergessen, würde eine andere Leidenschaft, als die herrschende, den Marquis so weit hingerissen haben? Ist das Interesse der Freundschaft so beweglich, daß man es mit so weniger Schwierigkeit auf einen andern Gegenstand übertragen kann? Aber alles ist erklärt, sobald man die Freundschaft jener herrschenden Leidenschaft *unterordnet*. Dann ist es natürlich, daß diese, bei dem nächsten Anlaß, ihre Rechte reklamiert und sich nicht lange bedenkt, ihre Mittel und Werkzeuge umzutauschen.

Das Feuer und die Freimütigkeit, womit Posa seine Lieblingsgefühle, die bis jetzt zwischen Carlos und ihm Geheimnisse waren, dem Könige vortrug, und der Wahn, daß dieser sie verstehen, ja gar in Erfüllung bringen könnte, war eine offenbare Untreue, deren er sich gegen seinen Freund Karl schuldig machte. Posa, der Weltbürger, durfte so handeln, und ihm allein kann es vergeben werden; an dem Busenfreunde Karls wäre es eben so verdammlich, als es unbegreiflich sein würde.

Länger als Augenblicke freilich sollte diese Verblendung nicht dauern. Der ersten Ueberraschung, der Leidenschaft vergibt man sie leicht: aber wenn er auch noch nüchtern fortführe, daran zu glauben, so würde er billig in unsern Augen zum Träumer herabsinken. Daß sie aber wirklich Eingang bei ihm gefunden, erhellt aus einigen Stellen, wo er darüber scherzt oder sich ernsthaft davon reinigt. »Gesetzt,« sagt er der Königin, »ich ginge damit um, meinen Glauben auf den Thron zu setzen?«

Königin   Nein, Marquis,
»Auch nicht einmal im Scherze möcht' ich dieser
»Unreifen Einbildung Sie zeihen. Sie sind
»Der Träumer nicht, der etwas unternähme,
»Was nicht geendigt werden kann«

Marquis.   »Das eben
»Wär' noch die Frage, denk' ich.«

Carlos selbst hat tief genug in die Seele seines Freundes gesehen, um einen solchen Entschluß in seiner Vorstellungsart gegründet zu finden, und das, was er selbst bei dieser Gelegenheit über ihn sagt, könnte allein hinreichen, den Gesichtspunkt des Verfassers außer Zweifel zu setzen. »Du selbst,« sagt er ihm, noch immer im Wahn, daß der Marquis ihn aufgeopfert,

»Du selbst wirst jetzt vollenden,
»Was ich gesollt und nicht gekonnt – du wirst
»Den Spaniern die goldnen Tage schenken,
»Die sie von mir umsonst gehofft. Mit mir
»Ist es ja aus, aus immer aus. Das hast
»Du eingesehn. O, diese fürchterliche Liebe
»Hat alle frühen Blüthen meines Geists
»Unwiederbringlich hingerafft. Ich bin
»Für deine großen Hoffnungen gestorben.
»Vorsehung oder Zufall führen dir
»Den König zu – Es kostet mein Geheimniß,
»Und er ist *dein!* Du kannst sein Engel werden;
»Für mich ist keine Rettung mehr. Vielleicht
»Für Spanien!« u. s. f.

Und an einem andern Orte sagt er zum Grafen von Lerma, um die vermeintliche Treulosigkeit seines Freundes zu entschuldigen:

»– Er hat
»Mich lieb gehabt, sehr lieb. Ich war ihm theuer
»Wie seine eigne Seele. O, das weiß ich!
»Das haben tausend Proben mir erwiesen.
»Doch sollen Millionen ihm, soll ihm

»Das Vaterland nicht theurer sein, als Einer?
»Sein Busen war für einen Freund zu groß,
»Und Carlos' Glück zu klein für seine Liebe.
»Er opferte mich seiner Tugend.«

Siebenter Brief.

Posa empfand es recht gut, wie viel seinem Freunde Carlos dadurch entzogen worden, daß er den König zum Vertrauten seiner Lieblingsgefühle gemacht und einen Versuch auf dessen Herz gethan hatte. Eben weil er fühlte, daß diese Lieblingsgefühle das *eigentliche* Band ihrer Freundschaft waren, so wußte er auch nicht anders, als daß er *diese* in eben dem Augenblicke gebrochen hatte, wo er jene bei dem Könige profanierte. Das wußte Carlos nicht, aber Posa wußte es recht gut, daß diese Philosophie und diese Entwürfe für die Zukunft das heilige *Palladium ihrer Freundschaft* und der wichtige Titel waren, unter welchem Carlos sein Herz besaß; eben weil er das wußte und im Herzen voraussetzte, daß es auch Karln nicht unbekannt sein könnte – wie konnte er es wagen, ihm zu bekennen, daß er dieses Palladium veruntreut hätte? Ihm gestehen, was zwischen ihm und dem König vorgegangen war, mußte in seinen Gedanken eben so viel heißen, als ihm ankündigen, daß es eine Zeit gegeben, wo er ihm nichts mehr war. Hatte aber Carlos' künftiger Beruf zum Throne, hatte der Königssohn keinen Antheil an dieser Freundschaft, war sie etwas vor sich Bestehendes und durchaus *nur* Persönliches, so konnte sie durch jene Vertraulichkeit gegen den König zwar beleidigt, aber nicht verrathen, nicht zerrissen worden sein; so konnte dieser zufällige Umstand ihrem Wesen nichts anhaben. Es war Delicatesse, es war Mitleid, daß Posa, der Weltbürger, dem *künftigen* Monarchen die Erwartungen verschwieg, die er auf den *jetzigen* gegründet hatte; aber Posa, Carlos' Freund, konnte sich durch nichts schwerer vergehen als durch diese Zurückhaltung selbst.

Zwar sind die Gründe, welche Posa sowohl sich selbst, als nachher seinem Freunde, von dieser Zurückhaltung, der einzigen Quelle aller nachfolgenden Verwirrungen, angibt, von ganz andrer Art. 4. Akt, 6. Auftritt.

> »Der König glaubte dem Gefäß, dem er
> »Sein heiliges Geheimniß übergeben,
> »Und Glauben fordert Dankbarkeit. Was wäre
> »Geschwätzigkeit, wenn mein Verstummen dir

»Nicht Leiden bringt? vielleicht erspart? – Warum
»Dem Schlafenden die Wetterwolke zeigen,
»Die über seiner Scheitel hängt?«

Und in der dritten Scene des fünften Akts.

»– – Doch ich, von falscher Zärtlichkeit bestochen,
»Von stolzem Wahn geblendet, ohne dich
»Das Wagestück zu enden, unterschlage
»Der Freundschaft mein gefährliches Geheimniß.«

Aber Jedem, der nur wenige Blicke in das Menschenherz gethan, wird es einleuchten, daß sich der Marquis mit diesen eben angeführten Gründen (die an sich selbst bei weitem zu schwach sind, um einen so wichtigen Schritt zu motiviren) nur selbst zu hintergehen sucht – weil er sich die eigentliche Ursache nicht zu gestehen wagt. Einen weit wahreren Aufschluß über den damaligen Zustand seines Gemüths gibt eine andere Stelle, woraus deutlich erhellt, daß es Augenblicke müsse gegeben haben, in denen er mit sich zu Rathe ging, ob er seinen Freund nicht geradezu aufopfern sollte? Es stand bei mir, sagt er zu der Königin,

»– einen neuen Morgen
»Herauszuführen über diese Reiche.
»Der König schenkte mir sein Herz. Er nannte
»Mich seinen Sohn. Ich führe seine Siegel,
»Und seine Alba sind nicht mehr« u. s. f.

»Doch geb' ich
»Den König auf. In diesem starren Boden
»Blüht keine meiner Rosen mehr. Das waren
»Nur Gaukelspiele kindischer Vernunft,
»Vom reifen Manne schamroth widerrufen.
Den nahen hoffnungsvollen Lenz sollt' ich
Vertilgen, einen lauen Sonnenblick
»Im Norden zu erkünsteln? Eines müden
»Tyrannen letzten Ruthenstreich zu mildern,
»Die große Freiheit des Jahrhunderts wagen?
»Elender Ruhm! Ich mag ihn nicht. Europens

>»Verhängniß reift in meinem großen Freunde.
>»Auf ihn verweis' ich Spanien. Doch wehe!
>»Weh mir und ihm, wenn ich bereuen sollte!
>»Wenn ich das Schlimmere gewählt! Wenn ich
>»Den großen Wink der Vorsicht mißverstanden,
>»Der *mich*, nicht *ihn*, auf diesem Thron gewollt.« –

Also hat er doch *gewählt*, und um zu wählen, mußte er also ja den Gegensatz sich als möglich gedacht haben. Aus allen diesen angeführten Fällen erkennt man offenbar, daß das Interesse der Freundschaft einem höheren nachsteht, und daß ihr nur durch dieses letztere ihre Richtung bestimmt wird. Niemand im ganzen Stück hat dieses Verhältniß zwischen beiden Freunden richtiger beurtheilt als Philipp selbst, von dem es auch am ersten zu erwarten war. Im Munde dieses Menschenkenners legte ich meine Apologie und mein eignes Urtheil von dem Helden des Stückes nieder, und mit seinen Worten möge denn auch diese Untersuchung beschlossen werden.

>»Und *wem* bracht' er dies Opfer?
>»Dem *Knaben*, meinem Sohne? Nimmermehr,
>»Ich glaub' es nicht. Für einen Knaben stirbt
>»Ein Posa nicht. Der Freundschaft arme Flamme
>»Füllt eines Posa Herz nicht aus. Das schlug
>»Der ganzen Menschheit. *Seine Neigung war*
>»*Die Welt mit allen kommenden Geschlechtern.*«

Achter Brief.

Aber, werden Sie sagen, wozu diese ganze Untersuchung? Gleichviel, ob es unfreiwilliger Zug des Herzens, Harmonie der Charaktere, wechselseitige persönliche Nothwendigkeit für einander, oder von außen hinzugekommene Verhältnisse und freie Wahl gewesen, was das Band der Freundschaft zwischen diesen Beiden geknüpft hat – die Wirkungen bleiben dieselben, und im Gange des Stückes selbst wird dadurch nichts verändert. Wozu daher diese weit ausgeholte Mühe, den Leser aus einem Irrthum zu reißen, der ihm vielleicht angenehmer als die Wahrheit ist? Wie würde es um den Reiz der meisten moralischen Erscheinungen stehen, wenn man jedesmal in die innerste Tiefe des Menschenherzens hineinleuchten und sie gleichsam *werden* sehen müßte? Genug für uns, daß alles, was Marquis Posa liebt, in dem Prinzen versammelt ist, durch ihn *repräsentiert* wird, oder wenigstens durch ihn allein zu erhalten steht, daß er dieses zufällige, bedingte, seinem Freund nur geliehene Interesse mit dem Wesen desselben zuletzt unzertrennlich zusammenfaßt, und daß alles, was er für ihn empfindet, sich in einer persönlichen Neigung äußert. Wir genießen dann die reine Schönheit dieses Freundschaftsgemäldes als ein einfaches moralisches Element, unbekümmert, in wie viel Theile es auch der Philosoph noch zergliedern mag.

Wie aber, wenn die Berichtigung dieses Unterschieds für das ganze Stück wichtig wäre? – Wird nämlich das letzte Ziel von Posas Bestrebungen über den Prinzen *hinaus* gerückt, ist ihm dieser nur als Werkzeug zu einem höhern Zwecke so wichtig, befriedigt er durch seine Freundschaft für ihn einen andern Trieb, als *nur* diese Freundschaft, so kann dem Stücke selbst nicht wohl eine engere Grenze gesteckt sein – so muß der letzte Endzweck des Stückes mit dem Zwecke des Marquis wenigstens zusammenfallen. Das große Schicksal eines ganzen Staats, das Glück des menschlichen Geschlechts auf viele Generationen hinunter, worauf alle Bestrebungen des Marquis, wie wir gesehen haben, hinauslaufen, kann nicht wohl *Episode zu einer Handlung sein, die den Ausgang einer Liebesgeschichte zum Zweck hat.* Haben wir einander also über Posas Freundschaft mißverstanden, so fürchte ich, wir haben es auch über den letzten Zweck der ganzen Tragödie. Lassen Sie mich sie Ihnen aus diesem neuen Standpunkte zeigen; vielleicht, daß manche Mißverhältnisse, an denen Sie bisher Anstoß genommen, sich unter dieser neuen Ansicht verlieren.

Und was wäre also die sogenannte Einheit des Stückes, wenn es *Liebe* nicht sein soll und *Freundschaft* nie sein konnte? Von jener handeln die drei ersten Akte, von dieser die zwei übrigen; aber keine von beiden beschäftigt das Ganze. Die Freundschaft opfert sich auf, und die Liebe wird aufgeopfert; aber weder diese, noch jene ist es, der dieses Opfer von der andern gebracht wird. Also muß noch etwas Drittes vorhanden sein, das verschieden ist von Freundschaft und Liebe, für welches beide gewirkt haben, und welchem beide aufgeopfert worden – und wenn das Stück eine Einheit hat, wo anders, als in diesem Dritten, könnte sie liegen?

Rufen Sie sich, lieber Freund, eine gewisse Unterredung zurück, die über einen Lieblingsgegenstand unsers Jahrzehends – über Verbreitung reinerer sanfterer Humanität, über die höchstmögliche Freiheit der *Individuen* bei des Staats höchster Blüthe, kurz, über den vollendetsten Zustand der Menschheit, wie er in ihrer Natur und ihren Kräften als erreichbar angegeben liegt – unter uns lebhaft wurde und unsere Phantasie in einen der lieblichsten Träume entzückte, in denen das Herz so angenehm schwelgt. Wir schlossen damals mit dem romanhaften Wunsche, daß es dem Zufall, der wohl größere Wunder schon gethan, in dem nächsten Julianischen Cyklus gefallen möchte, unsre Gedankenreihe, unsere Träume und Ueberzeugungen, mit eben dieser Lebendigkeit und mit eben so gutem Willen befruchtet, in dem erstgebornen Sohn eines künftigen Beherrschers von — oder von — auf dieser oder der andern Hemisphäre wieder zu erwecken. Was bei einem ernsthaften Gespräche bloßes Spielwerk war, dürfte sich, wie mir vorkam, bei einem solchen Spielwerk, als die Tragödie ist, zu der Würde des Ernstes und der Wahrheit erheben lassen. Was ist der Phantasie nicht möglich? Was ist einem Dichter nicht erlaubt? Unsere Unterredung war längst vergessen, als ich unterdessen die Bekanntschaft des Prinzen von Spanien machte; und bald merkte ich diesem geistvollen Jüngling an, daß er wohl gar Derjenige sein dürfte, mit dem wir unsern Entwurf zur Ausführung bringen könnten. Gedacht, gethan! Alles fand ich mir, wie durch einen dienstbaren Geist, dabei in die Hände gearbeitet; Freiheitssinn mit Despotismus im Kampfe, die Fesseln der Dummheit zerbrochen, tausendjährige Vorurtheile erschüttert, eine Nation, die ihre Menschenrechte wieder fordert, republikanische Tugenden in Ausübung gebracht, hellere Begriffe im Umlauf, die Köpfe in Gährung, die Gemüther von einem begeisterten Interesse gehoben – und nun, um die glückliche Constellation zu vollenden, eine schön organisierte Jünglingsseele am Thron, in einsamer unangefochtener Blüthe unter Druck und Leiden hervorgegangen. Unglücklich – so machten wir aus – müßte der Königssohn sein, an dem wir unser Ideal in Erfüllung bringen wollten.

>>Sein Sie
>>Ein Mensch auf König Philipps Thron! Sie haben
>>Auch Leiden kennen lernen –«

Aus dem Schooße der Sinnlichkeit und des Glücks durfte er nicht genommen werden; die Kunst durfte noch nicht Hand an seine Bildung gelegt, die damalige Welt ihm ihren Stempel noch nicht aufgedrückt haben. Aber wie sollte ein königlicher Prinz aus dem sechzehnten Jahrhundert – Philipps des Zweiten Sohn – ein Zögling des Mönchvolks, dessen kaum aufwachende Vernunft von so strengen und so scharfsichtigen Hütern bewacht wird, zu dieser liberalen Philosophie gelangen? Sehen Sie, auch dafür war gesorgt. Das Schicksal schenkte ihm einen Freund – einen Freund in den entscheidenden Jahren, wo des Geistes Blume sich entfaltet, Ideale empfangen werden und die moralische Empfindung sich läutert – einen geistreichen, gefühlvollen Jüngling, über dessen Bildung selbst – was hindert mich, dieses anzunehmen? – ein günstiger Stern gewacht, ungewöhnliche Glücksfälle sich ins Mittel geschlagen und den irgend ein verborgner Weise seines Jahrhunderts diesem schönen Geschäft zugebildet hat. Eine Geburt der Freundschaft also ist diese heitere menschliche Philosophie, die der Prinz auf dem Throne in Ausübung bringen will. Sie kleidet sich in alle Reize der Jugend, in die ganze Anmuth der Dichtung; mit Licht und Wärme wird sie in seinem Herzen niedergelegt, sie ist die erste Blüthe seines Wesens, sie ist seine *erste Liebe*. Dem Marquis liegt äußerst viel daran, ihr diese jugendliche Lebendigkeit zu erhalten, sie als einen Gegenstand der Leidenschaft bei ihm fortdauern zu lassen, weil nur Leidenschaft ihm die Schwierigkeiten besiegen helfen kann, die sich ihrer Ausübung entgegensetzen werden. Sagen Sie ihm, trägt er den Königin auf:

> »daß er für die Träume seiner Jugend
> »Soll Achtung tragen, wenn er Mann sein wird,
> »Nicht öffnen soll dem tödtenden Insekte
> »Gerühmter besserer Vernunft das Herz
> »Der zarten Götterblume; daß er nicht
> »Soll irre werden, wenn des Staubes Weisheit
> »Begeisterung, die Himmelstochter, lästert.
> »Ich hab' es ihm zuvor gesagt –«

Unter beiden Freunden bildet sich also ein *enthusiastischer Entwurf, den glücklichsten Zustand hervorzubringen, der der menschlichen Gesellschaft erreichbar ist, und von diesem enthusiastischen Entwurfe, wie er nämlich im Conflict mit der Leidenschaft erscheint,* handelt das gegenwärtige Drama. Die Rede war also davon, einen *Fürsten* aufzustellen, der das höchste mögliche Ideal bürgerlicher Glückseligkeit für sein Zeitalter dereinst wirklich machen sollte – nicht diesen Fürsten erst zu diesem Zwecke zu erziehen; denn dieses mußte längst vorhergegangen sein und konnte auch nicht wohl zum Gegenstand eines solchen Kunstwerks gemacht werden; noch weniger ihn zu diesem Werke wirklich Hand anlegen zu lassen, denn wie sehr würde dieses die engen Grenzen eines Trauerspiels überschritten haben? – Die Rede war davon, diesen Fürsten nur zu *zeigen*, den Gemütszustand in ihm herrschend zu machen, der einer solchen Wirkung zum Grunde liegen muß, und ihre *subjektive* Möglichkeit auf einen hohen Grad der Wahrscheinlichkeit zu erheben, unbekümmert, ob Glück und Zufall sie wirklich machen wollen.

Neunter Brief.

Ich will mich über das Vorige näher erklären.

Der Jüngling nämlich, zu dem wir uns dieser außerordentlichen Wirkung versehen sollen, mußte zuvor Begierden übermeistert haben, die einem solchen Unternehmen gefährlich werden können; gleich jenem Römer mußte er seine Hand über Flammen halten, um uns zu überführen, daß er Manns genug sei, über den Schmerz zu siegen; er mußte durch das Feuer einer fürchterlichen Prüfung gehen und in diesem Feuer sich bewähren. Dann nur, wenn wir ihn glücklich mit einem *innerlichen* Feinde haben ringen sehen, können wir ihm den Sieg über die äußerlichen Hindernisse zusagen, die sich ihm auf der kühnen Reformantenbahn entgegen werfen werden; dann nur, wenn wir ihn in den Jahren der Sinnlichkeit, bei dem heftigen Blute der Jugend, der Versuchung haben Trotz bieten sehen, können wir ganz sicher sein, daß sie dem reifen Manne nicht gefährlich mehr sein wird. Und welche Leidenschaft konnte mir diese Wirkung in größerem Maße leisten, als die mächtigste von allen, *die Liebe?*

Alle Leidenschaften, von denen für den großen Zweck, wofür ich ihn aufspare, zu fürchten sein könnte, diese einzige ausgenommen, sind aus seinem Herzen hinweggeräumt oder haben nie darin gewohnt. An einem verderbten sittenlosen Hofe hat er die Reinigkeit der ersten Unschuld erhalten, nicht seine *Liebe,* auch nicht Anstrengung durch Grundsätze, ganz allein sein moralischer Instinkt hat ihn vor dieser Befleckung bewahrt.

> »Der Wollust Pfeil zerbrach an dieser Brust,
> »Lang ehe noch Elisabeth hier herrschte.«

Der Prinzessin von *Eboli* gegenüber, die sich aus Leidenschaft und Plan so oft gegen ihn vergißt, zeigt er eine Unschuld, die der *Einfalt* sehr nahekommt. Wie Viele, die diese Scene lesen, würden die Prinzessin weit schneller verstanden haben. Meine Absicht war, in seine Natur eine Reinigkeit zu legen, der keine Verführung etwas anhaben kann. Der Kuß, den er der Prinzessin gibt, war, wie er selbst sagt, der erste seines Lebens, und dies war doch gewiß ein sehr tugendhafter Kuß! Aber auch über eine *feinere* Verführung sollte man ihn erhaben sehen; daher die ganze Episode der Prinzessin von Eboli, deren buhlerische Künste an seiner *besseren Liebe* scheitern. Mit dieser Liebe allein hätte er es also zu thun, und *ganz* wird ihn die Tugend haben, wenn es ihm gelungen sein wird, auch noch diese Liebe zu besiegen; und davon handelt nun das Stück. Sie begreifen nun auch, warum der Prinz gerade *so* und nicht anders gezeichnet worden; warum ich es zugelassen habe, daß die edle Schönheit dieses Charakters durch so viel Heftigkeit, so viel unstäte Hitze, wie ein klares Wasser durch Wallungen, getrübt wird. Ein weiches wohlwollendes Herz, Enthusiasmus für das Große und Schöne, Delicatesse, Muth, Standhaftigkeit, uneigennützige Großmuth sollte er besitzen, schöne und helle Blicke des Geistes sollte er zeigen, aber *weise* sollte er nicht sein. Der künftige große Mann sollte in ihm schlummern; aber ein feuriges Blut sollte ihm jetzt noch nicht erlauben, es wirklich zu sein. Alles, was den trefflichen Regenten macht, alles, was die Erwartungen seines Freundes und die Hoffnungen einer auf ihn harrenden Welt rechtfertigen kann, alles, was sich vereinigen muß, sein vorgesetztes Ideal von einem künftigen Staat auszuführen, sollte sich in diesem Charakter beisammen finden: aber entwickelt sollte es noch nicht sein, noch nicht von Leidenschaft geschieden, noch nicht zu reinem Golde geläutert. Darauf kam es ja eigentlich erst an, ihn dieser Vollkommenheit näher zu bringen, die ihm jetzt noch mangelt; ein mehr vollendeter Charakter des Prinzen hätte mich des ganzen Stücks überhoben. Eben so begreifen Sie nunmehr, warum es nöthig war, den Charakteren Philipps und seiner Geistesverwandten einen so großen Spielraum zu geben – ein nicht zu entschuldigender Fehler, wenn diese Charaktere weiter nichts als die Maschinen hätten sein sollen, eine Liebesgeschichte zu verwickeln und aufzulösen – und warum überhaupt dem *geistlichen, politischen* und *häuslichen* Despotismus ein so weites Feld gelassen worden. Da aber mein eigentlicher Vorwurf war, den künftigen *Schöpfer des Menschenglücks* aus dem Stücke gleichsam *hervorgehen* zu lassen, so war es sehr an seinem Orte, den *Schöpfer des Elends* neben ihm aufzuführen und durch ein vollständiges schauderhaftes Gemälde des Despotismus sein reizendes Gegentheil desto mehr zu erheben. Wir sehen den Despoten auf seinem traurigen Thron, sehen ihn mitten unter seinen Schätzen darben, wir erfahren aus seinem Munde, daß er unter allen seinen

Millionen *allein* ist, daß die Furien des Argwohns seinen Schlaf anfallen, daß ihm seine Creaturen geschmolzenes Gold statt eines Labetrunks bieten; wir folgen ihm in sein einsames Gemach, sehen da den Beherrscher einer halben Welt um ein – menschliches Wesen bitten und ihn dann, wenn das Schicksal ihm diesen Wunsch gewährt hat, gleich einem Rasenden, selbst das Geschenk zerstören, dessen er nicht mehr würdig war. Wir sehen ihn unwissend den niedrigsten Leidenschaften seiner Sklaven dienen; sind Augenzeugen, wie sie die Seile drehen, woran sie Den, der sich einbildet, der alleinige Urheber seiner Thaten zu sein, einem Knaben gleich lenken. Ihn, vor welchem man in fernen Welttheilen zittert, sehen wir vor einem herrischen Priester eine erniedrigende Rechenschaft ablegen und eine leichte Uebertretung mit einer schimpflichen Züchtigung büßen. Wir sehen ihn gegen Natur und Menschheit ankämpfen, die er nicht ganz besiegen kann, zu stolz, ihre Macht zu erkennen, zu ohnmächtig, sich ihr zu entziehen; von allen ihren Genüssen geflohen, aber von ihren Schwächen und Schrecknissen verfolgt; herausgetreten aus seiner Gattung, um als ein Mittelding von Geschöpf und Schöpfer – unser Mitleiden zu erregen. Wir verachten diese Größe, aber wir trauern über seinen Mißverstand, weil wir auch selbst aus dieser Verzerrung noch Züge von Menschheit herauslesen, die ihn zu einem der Unsrigen machen, weil er auch bloß durch die übrig gebliebenen Reste der Menschheit elend ist. Je mehr uns aber dieses schreckhafte Gemälde zurückstößt, desto stärker werden wir von dem Bilde sanfter Humanität angezogen, die sich in Carlos, in seines Freundes und in der Königin Gestalt vor unsern Augen verklärt.

Und nun, lieber Freund, übersehen Sie das Stück aus diesem neuen Standort noch einmal. Was Sie für *Ueberladung* gehalten, wird es jetzt vielleicht weniger sein; in der *Einheit*, worüber wir uns jetzt verständigt haben, werden sich alle einzelnen Bestandteile desselben auflösen lassen. Ich könnte den angefangenen Faden noch weiter fortführen, aber es sei mir genug, Ihnen durch einige Winke angedeutet zu haben, worüber in dem Stücke selbst die beste Auskunft enthalten ist. Es ist möglich, daß, um die Hauptidee des Stücks herauszufinden, mehr ruhiges Nachdenken erfordert wird, als sich mit der Eilfertigkeit verträgt, womit man gewohnt ist dergleichen Schriften zu durchlaufen; aber der Zweck, worauf der

Künstler gearbeitet hat, muß sich ja am Ende des Kunstwerks erfüllt zeigen. Womit die Tragödie beschlossen wird, damit muß sie sich beschäftigt haben, und nun höre man, wie Carlos von uns und seiner Königin scheidet.

»– Ich habe
»In einem langen schweren Traum gelegen.
»Ich *liebte* – Jetzt bin ich erwacht. Vergessen
»Sei das Vergangne. Endlich seh' ich ein, es gibt
»Ein höher, wünschenswerter Gut, als dich
»Besitzen – Hier sind Ihre Briefe
»Zurück. Vernichten Sie die meinen. Fürchten
»Sie keine Wallung mehr von mir. Es ist
»Vorbei. Ein reiner Feuer hat mein Wesen
»Geläutert – Einen Leichenstein will ich
»Ihm setzen, wie noch keinem Könige zu Theil
»Geworden – Ueber seiner Asche blühe
»Ein Paradies!

Königin.
»– – So hab' ich Sie gewollt!
»Das war die große Meinung seines Todes.«

Zehnter Brief.

Ich bin weder Illuminat noch Maurer, aber wenn beide Verbrüderungen einen moralischen Zweck mit einander gemein haben, und wenn dieser Zweck für die menschliche Gesellschaft der wichtigste ist, so muß er mit demjenigen, den Marquis Posa sich vorsetzte, wenigstens sehr nahe verwandt sein. Was Jene durch eine geheime Verbindung mehrerer durch die Welt zerstreuter thätiger Glieder zu bewirken suchen, will der Letztere, vollständiger und kürzer, durch ein einziges Subjekt ausführen: durch einen Fürsten nämlich, der Anwartschaft hat, den größten Thron der Welt zu besteigen, und durch diesen erhabenen Standpunkt zu einem solchen Werke fähig gemacht wird. In diesem einzigen Subjekte macht er die Ideenreihe und Empfindungsart herrschend, woraus jene wohlthätige Wirkung als eine nothwendige Folge fließen muß. Vielen dürfte dieser Gegenstand für die dramatische Behandlung zu abstrakt und zu ernsthaft scheinen, und wenn sie sich auf nichts als das Gemälde einer Leidenschaft gefaßt gemacht haben, so hätte ich freilich ihre Erwartung getäuscht; aber es schien mir eines Versuchs nicht ganz unwerth, »Wahrheiten, die Jedem, der es gut mit seiner Gattung meint, die *heiligsten* sein müssen, und die bis jetzt nur das Eigenthum der Wissenschaften waren, in das Gebiet der schönen Künste herüberzuziehen, mit Licht und Wärme zu beseelen und, als lebendig wirkende Motive in das Menschenherz gepflanzt, in einem kraftvollen Kampfe mit der Leidenschaft zu zeigen.« Hat sich der Genius der Tragödie für diese Grenzenverletzung an mir gerochen, so sind deßwegen einige nicht ganz unwichtige Ideen, die hier niedergelegt sind, für – den redlichen Finder nicht verloren, den es vielleicht nicht unangenehm überraschen wird, Bemerkungen, deren er sich aus seinem Montesquieu erinnert, in einem Trauerspiel angewandt und bestätigt zu sehen.

Eilfter Brief.

Ehe ich mich auf immer von unserm Freunde Posa verabschiede, noch ein paar Worte über sein räthselhaftes Benehmen gegen den Prinzen und über seinen Tod.

Viele nämlich haben ihm vorgeworfen, daß er, der von der Freiheit so hohe Begriffe hegt und sie unaufhörlich im Munde führt, sich doch selbst einer despotischen Willkür über seinen Freund anmaße, daß er ihn *blind*, wie einen Unmündigen, leite und ihn eben dadurch an den Rand des Untergangs führe. Womit, sagen Sie, läßt es sich entschuldigen, daß Marquis Posa, anstatt dem Prinzen gerade heraus das Verhältniß zu entdecken, worin er jetzt mit dem Könige steht, anstatt sich auf eine vernünftige Art mit ihm über die nöthigen Maßregeln zu bereden und, indem er ihn zum Mitwisser seines Planes macht, auf einmal allen Uebereilungen vorzubeugen, wozu Unwissenheit, Mißtrauen, Furcht und unbesonnene Hitze den Prinzen sonst hinreißen könnten und auch wirklich nachher hingerissen haben, daß er, anstatt diesen so unschuldigen, so natürlichen Weg einzuschlagen, lieber das Aeußerste Gefahr läuft, lieber diese so leicht zu verhütenden Folgen erwartet und sie alsdann, wenn sie wirklich eingetroffen, durch ein Mittel zu verbessern sucht, das eben so unglücklich ausschlagen kann, als es brutal und unnatürlich ist, nämlich durch die Verhaftnehmung des Prinzen? Er kannte das lenksame Herz seines Freundes. Noch kürzlich ließ ihn der Dichter eine Probe der Gewalt ablegen, mit der er solches beherrschte. Zwei Worte hätten ihm diesen widrigen Behelf erspart. Warum nimmt er seine Zuflucht zur *Intrigue*, wo er durch ein *gerades* Verfahren ungleich schneller und ungleich sicherer zum Ziele würde gekommen sein?

Weil dieses gewaltthätige und fehlerhafte Betragen des Maltesers alle nachfolgenden Situationen und vorzüglich seine Aufopferung herbeigeführt hat, so setzte man, ein wenig rasch, voraus, daß sich der Dichter von diesem unbedeutenden Gewinn habe hinreißen lassen, der innern Wahrheit dieses Charakters Gewalt anzuthun und den natürlichen Lauf der Handlung zu verlenken. Da dieses allerdings der bequemste und kürzeste Weg war, sich in dieses seltsame Betragen des Malthesers zu finden, so suchte man in dem ganzen Zusammenhang dieses Charakters keinen *nähern* Aufschluß mehr; denn das wäre zu viel von einem Kritiker verlangt, mit seinem Urtheile bloß darum zurückzuhalten, weil der Schriftsteller übel dabei fährt. Aber einiges Recht glaubte ich mir doch aus diese Billigkeit erworben zu haben, weil in dem Stücke mehr als einmal die *glänzendere Situation der Wahrheit* nachgesetzt worden ist.

Unstreitig, der Charakter des Marquis von Posa hätte an Schönheit und Reinigkeit gewonnen, wenn er durchaus gerader gehandelt hätte und über die unedlen Hilfsmittel der Intrigue immer erhaben geblieben wäre. Auch gestehe ich, dieser Charakter ging mir nahe, aber, was ich für Wahrheit hielt, ging mir näher. Ich halte für Wahrheit, »daß *Liebe* zu einem *wirklichen Gegenstande* und Liebe zu einem *Ideal* sich in ihren Wirkungen eben so ungleich sein müssen, als sie in ihrem Wesen von einander verschieden sind – daß der uneigennützigste, reinste und edelste Mensch aus enthusiastischer Anhänglichkeit an *seine Vorstellung* von Tugend und hervorzubringendem Glücke sehr oft ausgesetzt ist, eben so willkürlich mit den Individuen zu schalten, als nur immer der selbstsüchtigste Despot, weil der Gegenstand von Beider Bestrebungen *in* ihnen, nicht *außer* ihnen wohnt, und weil Jener, der seine Handlungen nach einem innern Geistesbilde modelt, mit der Freiheit Anderer beinahe eben so im Streit liegt, als Dieser, dessen letztes Ziel *sein eignes Ich* ist.« Wahre Größe des Gemüths führt oft nicht weniger zu Verletzungen fremder Freiheit, als der Egoismus und die Herrschsucht, weil sie um der Handlung, nicht um des einzelnen Subjekts willen handelt. Eben weil sie in stäter Hinsicht auf das Ganze wirkt, verschwindet nur allzu leicht das kleinere Interesse des Individuums in diesem weiten Prospekte. Die Tugend handelt groß um des Gesetzes willen, die Schwärmerei um ihres Ideales willen, die Liebe um des Gegenstandes willen. Aus der ersten Klasse wollen wir uns Gesetzgeber, Richter, Könige, aus der zweiten *Helden*, aber nur aus der dritten unsern Freund erwählen. Diese erste *verehren*, die zweite *bewundern*, die dritte *lieben* wir. Carlos hat Ursache gefunden, es zu bereuen, daß er diesen Unterschied außer Acht ließ und einen großen Mann zu seinem Busenfreund machte.

> »Was geht die Königin dich an? Liebst du
> »Die Königin? Soll deine strenge Tugend

»Die kleinen Sorgen meiner Liebe fragen?
»– – – – Ach, hier ist nichts verdammlich,
»Nichts, nichts, als meine rasende Verblendung,
»Bis diesen Tag nicht eingesehn zu haben,
»Daß du so – *groß* als *zärtlich* bist.«

Geräuschlos, ohne Gehilfen, in stiller Größe zu wirken, ist des Marquis Schwärmerei. Still, wie die Vorsicht für einen Schlafenden sorgt, will er seines Freundes Schicksal auflösen, er will ihn retten, wie ein Gott – und eben dadurch richtet er ihn zu Grunde. Daß er zu sehr nach seinem Ideal von Tugend in die Höhe und zu wenig auf seinen Freund herunterblickte, wurde Beider Verderben. Carlos verunglückte, weil sein Freund sich nicht begnügte, ihn auf eine gemeine Art zu erlösen.

Und hier, däucht mir, treffe ich mit einer nicht unmerkwürdigen Erfahrung aus der moralischen Welt zusammen, die Keinem, der sich nur einigermaßen Zeit genommen hat, um sich herumzuschauen oder dem Gange seiner eigenen Empfindungen zuzusehen, ganz fremd sein kann. Es ist diese: daß die moralischen Motive, welche von *einem zu erreichenden Ideale von Vortrefflichkeit* hergenommen sind, nicht natürlich im Menschenherzen liegen und eben darum, weil sie erst durch Kunst in dasselbe hineingebracht worden, nicht immer wohlthätig wirken, gar oft aber durch einen sehr menschlichen Uebergang einem schädlichen Mißbrauch ausgesetzt sind. Durch praktische Gesetze, nicht durch gekünstelte Geburten der theoretischen Vernunft, soll der Mensch bei seinem moralischen Handeln geleitet werden. Schon allein dieses, daß jedes solche moralische Ideal oder Kunstgebäude doch nie mehr ist als eine Idee, die, gleich allen andern Ideen, an dem eingeschränkten Gesichtspunkt des Individuums Theil nimmt, dem sie angehört, und in ihrer Anwendung also auch der Allgemeinheit nicht fähig sein kann, in welcher der Mensch sie zu gebrauchen pflegt, schon dieses allein, sage ich, müßte sie zu einem äußerst gefährlichen Instrument in seinen Händen machen: aber noch weit gefährlicher wird sie durch die Verbindung, in die sie nur allzu schnell mit gewissen Leidenschaften tritt, die sich mehr oder weniger in allen Menschenherzen finden; Herrschsucht meine ich, Eigendünkel und Stolz, die sie augenblicklich ergreifen und sich unzertrennbar mit ihr vermengen.

Nennen Sie mir, lieber Freund – um aus unzähligen Beispielen nur eins auszuwählen – nennen Sie mir den Ordensstifter oder auch die Ordensverbrüderung selbst, die sich – bei den reinsten Zwecken und bei den edelsten Trieben – von Willkürlichkeit in der Anwendung, von *Gewaltthätigkeit* gegen fremde Freiheit, von dem Geiste der *Heimlichkeit* und der *Herrschsucht* immer rein erhalten hätte? Die bei Durchsetzung eines, von jeder unreinen Beimischung auch noch so freien moralischen Zwecks, insofern sie sich nämlich diesen Zweck als etwas für sich Bestehendes denken und ihn in der Lauterkeit erreichen wollten, wie er sich ihrer Vernunft dargestellt hatte, nicht unvermerkt wären fortgerissen worden, sich an fremder Freiheit zu vergreifen, die Achtung gegen Anderer Rechte, die ihnen sonst immer die heiligsten waren, hintanzusetzen und nicht selten den willkürlichsten Despotismus zu üben, ohne den Zweck selbst umgetauscht, ohne in ihren Motiven ein Verderbniß erlitten zu haben. Ich erkläre mir diese Erscheinung aus dem Bedürfniß der beschränkten Vernunft, sich ihren Weg abzukürzen, ihr Geschäft zu vereinfachen und Individualitäten. die sie zerstreuen und verwirren, in Allgemeinheiten zu verwandeln; aus der allgemeinen Hinneigung unsers Gemüths zur Herrschbegierde, oder dem Bestreben, alles wegzudrängen, was das Spiel unserer Kräfte hindert. Ich wählte deßwegen einen ganz wohlwollenden, ganz über jede selbstsüchtige Begierde erhabenen Charakter, ich gab ihm die höchste Achtung für Anderer Rechte, ich gab ihm die Hervorbringung eines allgemeinen *Freiheitsgenusses* sogar zum Zwecke, und ich glaube mich auf keinem Widerspruch mit der allgemeinen Erfahrung zu befinden, wenn ich ihn, selbst auf dem Wege dahin, in Despotismus verirren ließ. Es lag in meinem Plan, daß er sich in dieser Schlinge verstricken sollte, die allen gelegt ist, die sich auf einerlei Wege mit ihm befinden. Wie viel hätte mir es auch gekostet, ihn wohlbehalten davon vorbeizubringen und dem Leser, der ihn lieb gewann, den unvermischten Genuß aller übrigen Schönheiten seines Charakters zu geben, wenn ich es nicht für einen ungleich größern Gewinn gehalten hätte, der menschlichen Natur zur Seite zu bleiben und eine nie genug zu beherzigende Erfahrung durch sein Beispiel zu bestätigen. Diese meine ich, daß man sich in moralischen Dingen nicht ohne Gefahr von dem natürlichen praktischen Gefühl entfernt, um sich zu allgemeinen Abstraktionen zu erheben, daß sich der Mensch weit sicherer den Eingebungen seines Herzens oder dem schnell gegenwärtigen und individuellen Gefühle von Recht und Unrecht vertraut, als der gefährlichen Leitung universeller Vernunftideen, die er sich künstlich erschaffen hat – denn nichts führt zum *Guten*, was nicht *natürlich* ist.

Zwölfter Brief.

Es ist nur noch übrig, ein paar Worte über seine Aufopferung zu sagen.

Man hat es nämlich getadelt, daß er sich muthwillig in einen gewaltsamen Tod stürze, den er hätte vermeiden können. Alles, sagt man, war ja noch nicht verloren. Warum hätte er nicht eben so gut fliehen können als sein Freund? War er schärfer bewacht als dieser? Machte es ihm nicht selbst seine Freundschaft für Carlos zur Pflicht, sich diesem zu erhalten? Und konnte er ihm mit seinem Leben nicht weit mehr nützen, als wahrscheinlicherweise mit seinem Tode, selbst wenn alles seinem Plane gemäß eingetroffen wäre? Konnte er nicht – freilich! Was hätte der ruhige Zuschauer nicht gekonnt, und wie viel weiser und klüger würde dieser mit seinem Leben gewirthschaftet haben! Schade nur, daß sich der Marquis weder dieser glücklichen Kaltblütigkeit, noch der Muße zu erfreuen hatte, die zu einer so vernünftigen Berechnung nothwendig war. Aber, wird man sagen, das gezwungene und sogar spitzfindige Mittel, zu welchem er seine Zuflucht nimmt, um zu sterben, konnte sich ihm doch unmöglich aus freier Hand und im ersten Augenblicke anbieten, warum hätte er das Nachdenken und die Zeit, die es ihm kostete, nicht eben so gut anwenden können, einen vernünftigen Rettungsplan auszudenken, oder lieber gleich denjenigen zu ergreifen, der ihm so nahe lag, der auch dem kurzsichtigsten Leser sogleich ins Auge springt? Wenn er nicht sterben wollte, um gestorben zu sein, oder (wie einer meiner Recensenten sich ausdrückt) wenn er nicht des *Märtyrthums wegen sterben wollte*, so ist es kaum zu begreifen, wie sich ihm die so gesuchten Mittel zum Untergang früher, als die weit natürlichern Mittel zur Rettung haben darbieten können. Es ist viel Schein in diesem Vorwurf, und um so mehr ist es der Mühe werth, ihn auseinander zu setzen.

Die Auflösung ist diese:

Erstlich gründet sich dieser Einwurf auf die falsche und durch das Vorhergehende genugsam widerlegte Voraussetzung, daß der Marquis *nur* für seinen Freund sterbe, welches nicht wohl mehr statt haben kann, nachdem bewiesen worden, daß *er nicht für ihn gelebt*, und daß es mit dieser Freundschaft eine ganz andere Bewandtniß habe. Er kann also nicht wohl sterben, um den Prinzen zu retten; dazu dürften sich auch ihm selbst vermuthlich noch andre und weniger gewalttätige Auswege gezeigt haben, als der Tod –»er stirbt, um für sein – in des Prinzen Seele niedergelegtes – Ideal alles zu thun und zu geben, was ein Mensch für etwas thun und geben kann, das ihm das Theuerste ist; um ihm auf die nachdrücklichste Art, die er in seiner Gewalt hat, zu zeigen, wie sehr er an die Wahrheit und Schönheit dieses Entwurfes glaube, und wie wichtig ihm die Erfüllung desselben sei; er stirbt dafür, warum mehrere große Menschen für eine Wahrheit starben, die sie von Vielen befolgt und beherzigt haben wollten, um durch sein Beispiel darzuthun, wie sehr sie es werth sei, daß man alles für sie leide. Als der Gesetzgeber von Sparta sein Werk vollendet sah und das Orakel zu Delphi den Ausspruch gethan hatte, die Republik würde blühen und dauern, so lange sie Lykurgus' Gesetze ehrte, rief er das Volk von Sparta zusammen und forderte einen Eid von ihm, die neue Verfassung so lange wenigstens unangefochten zu lassen, bis er von einer Reise, die er eben vorhabe, würde zurückgekehrt sein. Als ihm dieses durch einen feierlichen Eidschwur angelobt worden, verließ Lykurgus das Gebiet von Sparta, hörte von diesem Augenblick an auf, Speise zu nehmen, und die Republik harrte seiner Rückkehr vergebens. Vor seinem Tode verordnete er noch ausdrücklich, seine Asche selbst in das Meer zu streuen, damit auch kein Atom seines Wesens nach Sparta zurückkehren und seine Mitbürger auch nur mit einem Schein von Recht ihres Eides entbinden möchte. Konnte Lykurgus im Ernste geglaubt haben, das lacedämonische Volk durch diese Spitzfindigkeit zu binden und seine Staatsverfassung durch ein solches Spielwerk zu sichern? Ist es auch nur denkbar, daß ein so weiser Mann für einen so romanhaften Einfall ein Leben sollte hingegeben haben, das seinem Vaterlande so wichtig war? Aber sehr denkbar und seiner würdig scheint es mir, daß er es hingab, um durch das Große und Außerordentliche dieses Todes einen unauslöschlichen Eindruck seiner selbst in das Herz seiner Spartaner zu graben und eine höhere Ehrwürdigkeit über das Werk auszugießen, indem er den Schöpfer desselben zu einem Gegenstand der Rührung und Bewunderung machte.

Zweitens kommt es hier, wie man leicht einsieht, nicht darauf an, wie *nothwendig*, wie *natürlich* und wie *nützlich* diese Auskunft *in der*

That war, sondern wie sie Demjenigen *vorkam*, der sie zu ergreifen hatte, und wie *leicht* oder *schwer* er darauf verfiel. Es ist also weit weniger die Lage der Dinge, als die Gemütsverfassung Dessen, auf den diese Dinge wirken, was hier in Betrachtung kommen muß. Sind die Ideen, welche den Marquis zu diesem Heldenentschluß führen, ihm *geläufig*, und bieten sie sich ihm leicht und mit Lebhaftigkeit dar, so ist der Entschluß auch weder gesucht, noch gezwungen; sind diese Ideen in seiner Seele gar die vordringenden und herrschenden, und stehen diejenigen dagegen im Schatten, die ihn auf einen gelindern Ausweg führen könnten, so ist der Entschluß, den er faßt, *nothwendig*; haben diejenigen Empfindungen, welche diesen Entschluß bei jedem Andern bekämpfen würden, wenig Macht über ihn, so kann ihm auch die Ausführung desselben so gar viel nicht kosten. Und dies ist es, was wir nun untersuchen müssen.

Zuerst: Unter welchen Umständen schreitet er zu diesem Entschluß? – In der drangvollsten Lage, worin je ein Mensch sich befunden, wo Schrecken, Zweifel, Unwille über sich selbst, Schmerz und Verzweiflung zugleich seine Seele bestürmen. *Schrecken:* er sieht seinen Freund im Begriffe, derjenigen Person, die er als dessen fürchterlichste Feindin kennt, ein Geheimniß zu offenbaren, woran sein Leben hängt. *Zweifel:* er weiß nicht, ob dieses Geheimniß heraus ist oder nicht? Weiß es die Prinzessin, so muß er gegen sie als eine Mitwisserin verfahren; weiß sie es noch nicht, so kann ihn eine einzige Sylbe zum Verräther, zum Mörder seines Freundes machen. *Unwille über sich selbst:* er allein hat durch seine unglückliche Zurückhaltung den Prinzen zu dieser Uebereilung hingerissen. *Schmerz und Verzweiflung:* er sieht seinen Freund verloren, er sieht in seinem Freund alle Hoffnungen verloren, die er auf denselben gegründet hat.

»Verlassen von dem Einzigen wirfst du
»Der Fürstin Eboli dich in die Arme,
»Unglücklicher! in eines Teufels Arme,
»Denn *diese* war's, die dich verrieth – Ich sehe
»Dich dahin eilen. Eine schlimme Ahnung
»Fliegt durch mein Herz. Ich folge dir. Zu spät.
»Du liegst zu ihren Füßen. Das Geständniß
»Floh über deine Lippen schon. Für dich

»Ist keine Rettung mehr – Da wird es Nacht vor meinen Sinnen!
»Nichts! Nichts! Kein Ausweg! Keine Hilfe! Keine
»Im ganzen Umkreis der Natur! –«

In diesem Augenblicke nun, wo so verschieden Gemüthsbewegungen in seiner Seele stürmen, soll er aus dem Stegreif ein Rettungsmittel für seinen Freund erdenken. Welches wird es sein? Er hat den richtigen Gebrauch seiner Urtheilskraft verloren und mit diesem den Faden der Dinge, den nur die ruhige Vernunft zu verfolgen im Stande ist. Er ist nicht mehr Meister seiner Gedankenreihe – er ist also in die Gewalt derjenigen Ideen gegeben, die das meiste Licht und die größte Geläufigkeit bei ihm erlangt haben.

Und von welcher Art sind nun diese? Wer entdeckt nicht in dem ganzen Zusammenhang seines Lebens, wie er es hier in dem Stücke vor unsern Augen lebt, daß seine ganze Phantasie von Bildern romantischer Größe angefüllt und durchdrungen ist, daß die Helden des Plutarch in seiner Seele leben, und daß sich also unter zwei Auswegen immer der *heroische* zuerst und zunächst ihm darbieten muß? Zeigte uns nicht sein vorhergegangener Auftritt mit dem Könige, was und wie viel dieser Mensch für das, was ihm wahr, schön und vortrefflich dünkt, zu wagen im Stande sei?– Was ist wiederum natürlicher, als daß der Unwille, den er in diesem Augenblick über sich selbst empfindet, ihn unter denjenigen Rettungsmitteln zuerst suchen läßt, die ihm etwas kosten; daß er es der Gerechtigkeit gewissermaßen schuldig zu sein glaubt, die Rettung seines Freundes auf *seine* Unkosten zu bewirken, weil seine Unbesonnenheit es war, die jenen in diese Gefahr stürzte? Bringen Sie dabei in Betrachtung, daß er nicht genug eilen kann, sich aus diesem leidenden Zustand zu reißen, sich den freien Genuß seines Wesens und die Herrschaft über seine Empfindungen wieder zu verschaffen. Ein Geist, wie dieser aber, werden Sie mir eingestehen, sucht *in* sich, nicht *außer* sich, Hilfe; und wenn der bloß *kluge* Mensch sein Erstes hätte sein lassen, die Lage, in der er sich befindet, von allen Seiten zu prüfen, bis er ihr endlich einen Vorteil abgewonnen: so ist es im Gegentheil ganz im Charakter des heldenmütigen Schwärmers gegründet, sich diesen Weg zu verkürzen, sich durch irgend eine außerordentliche That, durch eine augenblickliche Erhöhung seines Wesens bei sich selbst wieder in Ach-

tung zu setzen. So wäre denn der Entschluß des Marquis gewissermaßen schon als ein heroisches Palliativ erklärbar, wodurch er sich
einem augenblicklichen Gefühl von *Dumpfheit* und *Verzagung*, dem
schrecklichsten Zustand für einen solchen Geist, zu entreißen sucht.
Setzen Sie dann noch hinzu, daß schon seit seinem Knabenalter,
schon von dem Tage an, da sich Carlos freiwillig für ihn einer
schmerzhaften Strafe darbot, das Verlangen, ihm diese großmüthige
That zu erstatten, seine Seele beunruhigte, ihn gleich einer unbe-
zahlten Schuld marterte und das Gewicht der vorhergehenden
Gründe in diesem Augenblick also nicht wenig verstärken muß.
Daß ihm diese Erinnerung wirklich vorgeschwebt, beweist eine
Stelle, wo sie ihm unwillkürlich entwischte. Carlos dringt darauf,
daß er fliehen soll, ehe die Folgen seiner kecken That eintreffen.
»War ich auch so gewissenhaft, Carlos,« gibt er ihm zur Antwort,
»da du, ein Knabe, für mich geblutet hast?« Die Königin, von ihrem
Schmerze hingerissen, beschuldigt ihn sogar, daß er diesen Ent-
schluß längst schon mit sich herumgetragen –

> »Sie stürzten sich in diese That, die Sie
> »Erhaben nennen. Leugnen Sie nur nicht.
> »Ich kenne Sie. Sie haben längst darnach
> »Gedürstet!«

Endlich will ich ja den Marquis von Schwärmerei durchaus nicht
freigesprochen haben. Schwärmerei und Enthusiasmus berühren
einander so nahe, ihre Unterscheidungslinie ist so fein, daß sie im
Zustande leidenschaftlicher Erhitzung nur allzuleicht überschritten
werden kann. Und der Marquis hat nur wenige Augenblicke zu
dieser Wahl. Dieselbe Stellung des Gemüths, worin er die That be-
schließt, ist auch dieselbe, worin er den unwiderruflichen Schritt zu
ihrer Ausführung thut. Es wird ihm nicht so gut, seinen Entschluß
in einer andern Seelenlage noch einmal anzuschauen, ehe er ihn in
Erfüllung bringt – wer weiß, ob er ihn dann nicht anders gefaßt
hätte! Eine solche andere Seelenlage z. B. ist die, worin er von der
Königin geht. O! ruft er aus, das Leben ist doch schön! – Aber diese
Entdeckung macht er zu spät. Er hüllt sich in die Größe seiner That,
um keine Reue darüber zu empfinden.

Über tredition

Eigenes Buch veröffentlichen

tredition wurde 2006 in Hamburg gegründet und hat seither mehrere tausend Buchtitel veröffentlicht. Autoren veröffentlichen in wenigen leichten Schritten gedruckte Bücher, e-Books und audio-Books. tredition hat das Ziel, die beste und fairste Veröffentlichungsmöglichkeit für Autoren zu bieten.

tredition wurde mit der Erkenntnis gegründet, dass nur etwa jedes 200. bei Verlagen eingereichte Manuskript veröffentlicht wird. Dabei hat jedes Buch seinen Markt, also seine Leser. tredition sorgt dafür, dass für jedes Buch die Leserschaft auch erreicht wird.

Im einzigartigen Literatur-Netzwerk von tredition bieten zahlreiche Literatur-Partner (das sind Lektoren, Übersetzer, Hörbuchsprecher und Illustratoren) ihre Dienstleistung an, um Manuskripte zu verbessern oder die Vielfalt zu erhöhen. Autoren vereinbaren direkt mit den Literatur-Partnern die Konditionen ihrer Zusammenarbeit und partizipieren gemeinsam am Erfolg des Buches.

Das gesamte Verlagsprogramm von tredition ist bei allen stationären Buchhandlungen und Online-Buchhändlern wie z. B. Amazon erhältlich. e-Books stehen bei den führenden Online-Portalen (z. B. iBookstore von Apple oder Kindle von Amazon) zum Verkauf.

Einfach leicht ein Buch veröffentlichen: **www.tredition.de**

Eigene Buchreihe oder eigenen Verlag gründen

Seit 2009 bietet tredition sein Verlagskonzept auch als sogenanntes "White-Label" an. Das bedeutet, dass andere Unternehmen, Institutionen und Personen risikofrei und unkompliziert selbst zum Herausgeber von Büchern und Buchreihen unter eigener Marke werden können. tredition übernimmt dabei das komplette Herstellungs- und Distributionsrisiko.

Zahlreiche Zeitschriften-, Zeitungs- und Buchverlage, Universitäten, Forschungseinrichtungen u.v.m. nutzen diese Dienstleistung von tredition, um unter eigener Marke ohne Risiko Bücher zu verlegen.

Alle Informationen im Internet: **www.tredition.de/fuer-verlage**

tredition wurde mit mehreren Innovationspreisen ausgezeichnet, u. a. mit dem Webfuture Award und dem Innovationspreis der Buch Digitale.

tredition ist Mitglied im Börsenverein des Deutschen Buchhandels.

Dieses Werk elektronisch lesen

Dieses Werk ist Teil der Gutenberg-DE Edition DVD. Diese enthält das komplette Archiv des Projekt Gutenberg-DE. Die DVD ist im Internet erhältlich auf **http://gutenbergshop.abc.de**

FSC
www.fsc.org

MIX

Papier | Fördert
gute Waldnutzung

FSC® C083411

Zeitfracht Medien GmbH
Ferdinand-Jühlke-Straße 7
99095 Erfurt, Deutschland
produktsicherheit@kolibri360.de